Umschlagmotiv: Percé auf der Gaspé-Halbinsel

Herausgeber: Polyglott-Redaktion
Autorin: Marlies Limpert
Lektorat: Eckhard Zimmermann
Bildredaktion: Nicole Häusler
Art Direction: Illustration & Graphik Forster GmbH, Hamburg
Karten und Pläne: Gundula Hövelmann
Titeldesign-Konzept: V. Barl
Realisation: Studio Wolf Brannasky

Wir danken Gilles Bengle (Greater Montréal Convention and Tourism
Bureau), Roselyne Hébert (Tourisme Québec) und Michel Carmichael
(Greater Québec Area Tourism and Convention Bureau) für die uns
gewährte Unterstützung sowie Astrid H. Holzamer (Kanadische Botschaft,
Bonn) für stets verläßliche Hilfe.

Ergänzende Anregungen, für die wir jederzeit dankbar sind,
bitten wir zu richten an:
Polyglott-Verlag, Redaktion, Postfach 40 11 20, D-80711 München.

Alle Angaben wurden sorgfältig geprüft. Dennoch kann eine Gewähr
für Vollständigkeit und Richtigkeit nicht übernommen werden.

Zeichenerklärung

❶ Information
🛪 Flugverbindungen
🚃 Eisenbahnverbindungen
🚌 Busverbindungen
Ⓜ Métro
☎ Telefonnummer
📠 Faxnummer
🕐 Öffnungszeiten
🏨 Hotels
Ⓢ⟩⟩ über 100 can $ für ein
    Doppelzimmer
Ⓢ⟩ 70–100 can $
Ⓢ unter 70 can $
🍴 Restaurants
Ⓢ⟩⟩ Menü über 30 can $
Ⓢ⟩ 20–30 can $
Ⓢ unter 20 can $

Routenpläne

——①—— Route mit Routenziffer
———— Autobahn, Schnellstraße
———— sonstige Straßen, Wege
—·—·— Staatsgrenze, Landesgrenze
------- National-, Naturparksgrenze

Stadtpläne

———— Durchgangsstraße
———— sonstige Straßen
———— Fußgängerzone
====== Fußweg

Erste Auflage 1997

Redaktionsschluß: Dezember 1996
© 1997 by Polyglott-Verlag Dr. Bolte KG, München
Printed in Germany
Gedruckt auf chlorfrei gebleichtem Papier
ISBN 3-493-62945-1

Polyglott-Reiseführer

Québec

Marlies Limpert

Polyglott-Verlag München

Allgemeines

Editorial . . . . S. 7

Die Lilie im Ahornblatt . . . . S. 8

Geschichte im Überblick . . . . S. 15

Kultur gestern und heute . . . . S. 18

Essen und Trinken . . . . S. 22

Urlaub aktiv . . . . S. 24

Unterkunft . . . . S. 27

Reisewege und Verkehrsmittel . . . . S. 29

Praktische Hinweise von A–Z . . . . S. 92

Register . . . . S. 95

Städtebeschreibungen

Montréal – Die zwei Kanadas   S. 31

Der Charme der Alten und die Dynamik der Neuen Welt – in der wahrhaft kosmopolitischen Metropole stecken sie unter einer Decke. 104 Sprachen werden hier gesprochen, mitten im stolzen frankophonen Québec.

Québec – Die Hauptstadt von Französisch-Nordamerika   S. 43

Das Mittelalter in Nordamerika, gedrungene Feldsteinhäuser, wuchtige Stadtmauern, Bastionen, eine Zitadelle – Québec wirkt europäischer als jede andere Stadt jenseits des Pazifiks.

Routen

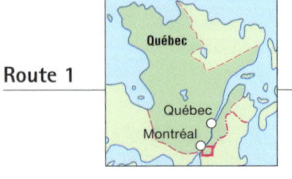

Route 1

Auf Kriegspfaden in die Neuengland-Idylle   S. 52

Unweit von Montréal begegnen Sie angelsächsischem Charme und französischer joie de vivre – und einer reichen Vergangenheit.

Route 2

Wildnis vor der Haustür   S. 57

Die Einwohner von Montréal haben's gut: Zweieinhalb Autostunden, und die Natur hat sie umfangen. Hübsche kleine Orte bewahren ihre stolze Tradition als Sommerfrischen.

Routen

Route 3

Im hohen Norden   **S. 59**

Dort, wo sich Holzfäller und Minenarbeiter gute Nacht sagen, wenn sie einander zufällig begegnen, finden auch Wildnisfreunde ihr Dorado: beim Kanuwandern und Angeln.

Route 4

Im Herzen der Provinz   **S. 68**

Eine atemberaubende Küstenlinie, dramatische Fjorde und verträumte Dörfer setzen sich entlang dieser Route ins Bild, die zum schönsten gehört, was Québec zu bieten hat.

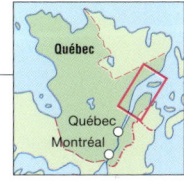

Route 5

Tausend Kilometer Küste   **S. 78**

Landschaft satt verspricht der St. Lorenz, der sich im Verlauf dieser Route zum Golf wandelt. Die Pflanzen- und Tierwelt der Gaspé-Halbinsel hat ihren eigenen Zauber.

Route 6

Côte-Nord: Bis fast ans Ende der Welt   S. 88

An der Côte-Nord hält ein langer Asphaltstreifen die Inseln der Zivilisation zusammen, der Rest ist Natur. Doch einsam werden Sie nicht sein: Wale und Robben sind geduldige Zuhörer.

Bildnachweis

Alle Fotos Archiv Helmhausen/Benoit Chalifour außer Archiv Helmhausen/Pascal Quittemelle: 6, 17/3, 19/2, 21/1, 23, 25, 29/3, 35/3, 41/1, 43/3, 51/2, 57/1, 63/1, 73, 75/2, 79/3, 83/1+3, 89/1+3; Archiv für Kunst und Geschichte, Berlin: 15/1; Ole Helmhausen: 31/2–3; Bernd Helms: 15/2–3, 41/3, 65/1+3, 67/1, 77/1; Volkmar Janicke: 7/1, 9, 19/3, 29/2, 31/1, 33, 43/2, 45/2, 47, 51, 57/3, 59/3; Mainbild/Fotostock Internat./D. Trask: 7/2, 85/2; Süddeutscher Verlag/Ekko von Schwichlow: 21/2; The Image Bank: Umschlag (Bild); Superbild/Bernd Ducke: Umschlag (Flagge).

Fremde Kulturen kennenlernen und gastfreundlichen Menschen begegnen – wie sehr genießen wir das auf Reisen. Zu Hause bei uns jedoch wird mancher Ausländer von einer kleinen Minderheit beschimpft, bedroht und sogar mißhandelt. Alle, die in fremden Ländern Gastrecht genossen haben, tragen hier besondere Verantwortung. Deshalb: Lassen Sie es nicht zu, daß Ausländer diffamiert und angegriffen werden. Lassen Sie uns gemeinsam für die Würde des Menschen einstehen.

Verlagsleitung und Mitarbeiter des Polyglott-Verlages

Editorial

„La Belle Province", „die Schöne" – einen stolzen Zweitnamen trägt Québec. Würde man da in sumpfigen Wiesen äsende Elche erwarten oder roh gezimmerte Blockhütten in tiefen Wäldern? Eher denkt man doch an eine liebliche Landschaft, an Städtchen mit Puppenstuben-Atmosphäre und Blumen auf den Fensterbänken.

Farbenfrohes Tischleindeckdich im herbstlichen Québec

Natürlich gibt es das in Québec, in den engen Tälern der Appalachen etwa und auf der Ile d'Orléans. Allein – wahre Schönheit kommt auch ohne Make-up aus und macht selbst in Jeans, dicken Baumwollhemden, ja sogar in hüfthohen Anglerstiefeln eine gute Figur. So gibt sich die Schöne in Montréal kosmopolitisch, in Ville de Québec französisch. In der Estrie erinnert sie an die Postkartenidyllen Neuenglands, auf der Gaspé-Halbinsel an das rauhe Neufundland, und entlang der kaum besiedelten Côte-Nord trägt die Provinz ein Abenteueroutfit wie Labrador.

Im Parc national de Forillon

Apropos Wildnis: Sie ließ sich nur beiderseits des St.-Lorenz-Stroms, der Lebensader der Provinz, wirklich domestizieren. Die endlosen Wälder und stillen Seen, das Reich der Elche, Biber und Wasserflugzeuge, beginnen nur zwei Autostunden nördlich von Montréal und enden baum- und strauchlos erst 2000 km weiter nördlich am Eismeer. Die Blockhütte am See, der gespenstische Ruf des Eistauchers und das urkanadische Gefühl der Einsamkeit in der Weite: Alles ist da, was im Namen Kanada mitschwingt. Und doch spürt man die Andersartigkeit, auch wenn man von Québecs Streben nach Unabhängigkeit nicht viel weiß. Das Lebensgefühl ist mediterran-entspannt, französisches *savoir vivre* entschärft den Ernst des Lebens. Und Stolz ist spürbar, auf das Erbe, die Herkunft, die eigene Kultur – Werte, die man auch zu verteidigen weiß.

Die Autorin

Marlies Limpert, geboren 1968. Nach dem Englisch- und Französischstudium in Mainz zunächst mehrere Jahre als Dolmetscherin in Montréal und Québec (Stadt) tätig. Arbeitet derzeit als Journalistin für eine Redaktionsgemeinschaft im norddeutschen Raum und bereist mehrmals im Jahr Kanada.

Die Lilie im Ahornblatt

Lage und Landschaft

Eine Provinz mit Gardemaß: mit über 1,5 Mio. km² ist Québec die größte Kanadas. Deutschland fände gleich viereinhalbmal in ihr Platz. Die Nord-Süd-Ausdehnung beträgt über 2000 km, von Osten nach Westen sind es fast 1700 km. Im Süden hat man eine relativ lange Grenze mit den USA, während man im Westen und Osten mit den kanadischen Schwesterprovinzen Ontario, Newfoundland und New Brunswick gerne im Streit liegt. Weit oben im Norden bilden Hudson Bay und Hudson Strait natürliche Grenzen.

Die gewaltige Landfläche unterteilt sich in drei Großregionen. Das **St.-Lorenz-Tiefland** schiebt sich zwischen den Kanadischen Schild im Norden und die Appalachen im Süden. Hier, auf den fruchtbaren Uferterrassen bei-

derseits der großen Wasserstraße, leben 90 % aller Québécois. Die einzigen Erhebungen in dem Flachland aus kambrischem Grundgestein sind die bis zu 500 m hohen Inselberge der Montérégie, eine alte, einst vulkanische Hügelkette, zu der auch der Mont Royal, Montréals Hausberg, zählt.

Eine Autostunde südlich von Montréal erhebt sich das von Neuengland heraufziehende Mittelgebirge der **Appalachen.** Im Schnitt 600 m hoch, begrenzt der 500 Mio. Jahre alte Höhenzug das Südufer des St. Lorenz. Die Estrie und die ländliche Beauce östlich von Ville de Québec gehören zu den bevölkerungsreichsten Regionen. Bevor sie sich im Parc national de Forillon ganz im Osten mit spektakulären Steilküsten aus Québec verabschieden und ins Meer tauchen, laufen die Appalachen in den zerklüfteten Monts Chic-Choc auf der Gaspé-Halbinsel zu landschaftlicher Höchstform auf.

Der **Kanadische Schild,** die größte und mit rund 3,6 Mrd. Jahren eine der ältesten Gesteinsformationen der Welt, bedeckt 80 % der Provinz. Zwei Stunden nördlich von Montréal beginnt die rie-

Wälder in Flammen

Im Herbst ist in den Wäldern Showtime. Als ob eine Fee sie unbemerkt mit Farbe übergossen hätte, erstrahlen die Laubwälder Québecs fast über Nacht in leuchtenden Gelb-, Orange- und Rottönen. Eine schöne Erklärung für dieses Geschenk der Natur haben die Indianer: Manitou gehe in dieser Zeit auf die Jagd, und das Blut seiner Beute färbe die Wälder. Die Chemiker sehen es nüchterner. Kürzere Sonnentage und der erste Frost stoppen die Nährstoffproduktion in den Blättern. Das für das Grün der Blätter zuständige Chlorophyll entweicht, und Gelb und Orange kommen zum Vorschein. Das bis ins Purpur reichende Rot des Ahorns verlangt eine besondere Erklärung: Der

nächtliche Frost hält den Zucker im Blatt fest. Je mehr Zucker sich dort ansammelt, desto intensiver wird die Rotfärbung.

Wann genau im Oktober der Indianersommer seinen Höhepunkt erreicht, läßt sich nicht sagen. Alles hängt vom Wetter ab: Ist der Herbst warm und regnerisch, hält sich die Färbung in Grenzen; wechselt jedoch sommerliche Wärme mit nächtlichem Frost, holt Mutter Natur ihre Farbpalette heraus und zieht alle Register ihres Könnens.

Am schönsten gestaltet sich das Farbenspiel im Gebiet des Lac Memphrémagog in der Estrie und um den Mont Tremblant in den Laurentides.

sige Platte aus Gneis und Granit in der bis zu 1100 m hohen Bergwelt der Laurentides. Die Gletscher der letzten Eiszeit haben dieser typisch kanadischen Landschaft aus Misch- und Nadelwald, Bergkuppen, nacktem Fels und Tausenden von Seen vor 12 500 Jahren den letzten Schliff gegeben. Während der Schild zwischen Montréal und Ville de Québec in das Tiefland ausläuft, reicht er östlich dieser Linie bis an den St.-Lorenz-Strom heran, den er als imposante Kulisse bis nach Labrador begleitet. Unterbrochen wird dieses Nebeneinander nur von der Region Saguenay – Lac Saint-Jean, die mit dem südlichsten Fjord der Welt und einer fruchtbaren Oase inmitten endloser Wälder Akzente setzt.

Fast schon eine Küstenlandschaft: die Ufer des gewaltigen Saguenay

Klima und Reisezeit

Seinem Kontinentalklima verdankt Québec viel Abwechslung in vier ausgeprägten Jahreszeiten. Gegenpol des vier Monate langen Sommers mit durchschnittlichen 22 °C in Montréal und häufigen Spitzentemperaturen um 30 °C ist ein ebenso langer, schneesicherer Winter. Mit durchschnittlich –9 °C und Kälteperioden von –25 °C gibt er sich zwar ausgesprochen frostig, die trockene Kälte erlaubt bei viel Sonnenschein und klarer Luft aber jede Menge Wintersport. Frühling und Herbst bleibt nicht viel Zeit, um ihre Reize zu entfalten. Der aus Neuengland bekannte *indian summer,* die zweiwöchige Wärmeperiode nach dem ersten Herbstfrost, läßt als *été des indiens* auch im Süden Québecs vor allem die Ahornwälder in wahren Farborgien schwelgen. Wegen der gewaltigen Ausdehnung der Provinz gibt es natürlich große Temperaturunterschiede. Während in Montréal die Straßencafés öffnen, herrscht in Kuujjuarapik, einer Inuitsiedlung an der Hudson Bay, noch

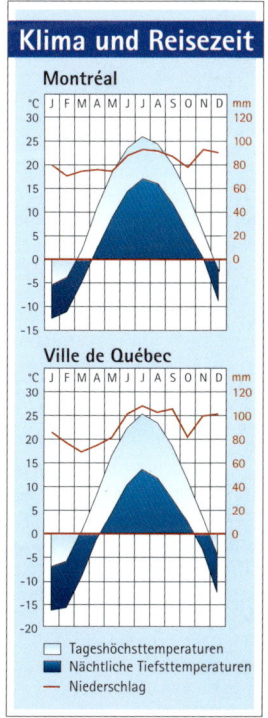

klirrender Frost, und selbst im August schafft es das Quecksilber dort nicht höher als bis zu 12 °C. Auch die Nächte werden erheblich kühler, je weiter man nach Norden geht. Ins Reisegepäck gehören daher selbst im Sommer ein warmer Pullover und feste Schuhe.

Québec ist ein Reiseziel für alle Jahreszeiten. Für Fahrten durch die Provinz eignen sich die Sommermonate am besten, wobei die schönsten Landschaftsaufnahmen während der klaren Septembertage geschossen werden. Ski und Rodel gut heißt es in der gesamten Provinz von Anfang Dezember bis Ende April. Wer die weißen Märchenlandschaften Québecs per Langlaufski oder Motorschlitten erkunden will, sollte die Monate Februar und März anvisieren.

Natur und Umwelt

Es gibt drei große Vegetationszonen. Die Ungava-Halbinsel im äußersten Norden wird von *Tundra* beherrscht. Während des kurzen Sommers gedeihen hier nur Moose, verkrüppelte Bäume und arktische Pflanzen, mehr läßt der Dauerfrostboden nicht zu. Dies ist die Domäne von Eisbär, Karibu und Schnee-Eule, dem Wappenvogel Québecs. Südlich einer relativ breiten Übergangszone beginnt etwa auf der Linie Radisson – Labrador City der aus Schwarz- und Weißtannen, Kiefern und Fichten bestehende *boreale Nadelwald*. Gen Süden verdichtet er sich zu einem von Birken und Pappeln ergänzten regelrechten Urwald. Hier hausen Elch, Schwarzbär, Luchs, Weißkopf-Seeadler und Biber.

Jenseits der Linie Côte-Nord – Abitibi dominiert *Mischwald* mit Nadelbäumen, Ahornarten und anderen Harthölzern. Virginiahirsch, Waschbär und Stachelschwein fühlen sich hier besonders wohl, doch auch das sonst nur im Norden anzutreffende Karibu hat gemerkt, daß es sich in südlicheren Gefilden durchaus angenehm leben läßt. In Höhen von über 1000 m halten sich kleine Herden im Charlevoix sowie im Parc de la Gaspésie auf. Andere Mikroklimata finden sich im äußersten Süden, wo Sonnenlöcher sogar den Weinbau erlauben.

In den Flüssen und über 800 000 Seen tummeln sich etwa 120 Fischarten, darunter Hechte, Forellen und Zander. Die Uferbereiche des St.-Lorenz-Stroms, vor allem der Lac Saint-Pierre bei Trois-Rivières, sind von Watvögeln bevölkerte Feuchtgebiete und beliebte Rastplätze für Zugvögel. Weiter flußabwärts ist der zunehmend Salzwasser führende Strom Lebensraum für Aal, Hering, Flunder, Lachs, Hummer und Garnele. Seehunde, Möwen, Papageientaucher und Kormorane bevölkern

Und immer wieder Oka

Es gibt zwei Standardthemen in der kanadischen Presse. Das eine kreist – wie könnte es anders sein – um Québec und die Zukunft Kanadas. Das andere behandelt die Land- und Kompensationsforderungen der Indianer.

In Québec kommt Oka hinzu, ein nationales Trauma in der bereits vom Sprachenstreit gebeutelten Provinz. Wenn Eure Polizisten unser Territorium betreten, gibt es ein neues Oka, drohen regelmäßig militante Indianer. Nur kein zweites Oka, beschwört der Bundesminister für indianische Angelegenheiten seinen Kollegen in Ville de Québec.

Der Golfklub von Oka wollte 1990 sein Green erweitern. Daß dabei eine traditionelle Kultstätte der Mohawk des Reservats Kanesatake im Wege stand, kümmerte niemanden. Nach mehreren ergebnislosen Eingaben der Mohawk bei der Stadtverwaltung, gegen die anstehende Grabschändung einzuschreiten, besetzten schwerbewaffnete Krieger das Klubhaus und errichteten Barrikaden um den Golfplatz, für das weiße, behaglich wohnende Kanada ein Schock. Die folgenden, von den Stadtvätern unsensibel und arrogant

Inseln und Klippen, und Buckel-, Finn- und Blauwale ziehen im Sommer stromaufwärts bis nach Tadoussac.

Obwohl sich die Zivilisation weitgehend beiderseits des St. Lorenz konzentriert, ist auch die Natur Québecs von paradiesischen Zuständen weit entfernt. Die Provinz zählt zu den größten Holzlieferanten Kanadas. Zwar wird heute nach einem komplizierten Quotensystem gefällt und aufgeforstet, um den Nadelwäldern Gelegenheit zur Regeneration zu geben, dies kann aber nicht darüber hinwegtäuschen, daß Holzschlag und saurer Regen bereits erhebliche Waldschäden verursacht haben. Auch die Gewässer – in erster Li-

Kanadas Indianer sehen einer ungewissen Zukunft entgegen

von den Indianern unnachgiebig geführten Verhandlungen wichen bald der gewaltsamen Konfrontation. Das Bild des maskierten Mohawk-Kriegers und des bis an die Zähne bewaffneten Elitesoldaten, die sich Auge in Auge gegenüberstehen, geistert bis heute durch die kanadischen Medien. Szenen von aufeinander einprügelnden Gegnern und Befürwortern der indianischen Sache, von Hausfrauen, die Steine auf die indianischen Nachbarn warfen, gelangten tagtäglich in kanadische Wohnzimmer.

78 Tage dauerte die Belagerung, 3000 Soldaten und Polizisten waren im Einsatz, einer von ihnen wurde erschossen. Der Golfplatz wurde schließlich nicht vergrößert, aber die Folgen waren viel weitreichender.

Oka zeigte tiefe offene Wunden. Hohe Arbeitslosigkeit, Verlust der kulturellen Identität, Alkoholismus, Ausweglosigkeit: Die Indianer Kanadas, in kleine Reservate abgeschoben wie ihre Brüder in den USA, begehren auf. Oka hat ihr Selbstbewußtsein enorm gestärkt. Land, das ihnen die Regierung in den letzten 200 Jahren zu Spottpreisen und unter juristisch fragwürdigen Umständen abkaufte, verlangen sie jetzt zurück, dazu bessere Schulen und Krankenhäuser für ihre Reservate und Kompensationsgelder in drei- bis vierstelliger Millionenhöhe für erlittenes Unrecht. Das Verhältnis zum weißen Québec hat sich entsprechend weiter abgekühlt.

Doch Québec wäre nicht Québec, wenn nicht ein weiterer Faktor hinzukäme. 90 % der Ureinwohner der Provinz haben erklärt, nicht einem „Québec libre" angehören zu wollen. Die Bundesregierung in Ottawa hört das natürlich gern. Anfang 1996 ließen einige ihrer Bundesminister verlauten, die Territorien der Indianer gehörten nicht zu Québec, die Indianer seien berechtigt, sich mit Waffengewalt gegen den Anschluß an ein unabhängiges Québec zu wehren. Der „Krieg der Worte", wie das die Presse nennt.

Derzeit leben die 60 000 *Amérindiens* Québecs in 54 Siedlungen. Die größten Gruppen stellen die iroquoissprechenden Mohawk (über 13 000), gefolgt von den algonquinsprechenden Montagnais (knapp 13 000). Die etwa 8000 Inuit wohnen in 14 Siedlungen entlang der Küste der Ungava-Halbinsel.

nie die Flüsse St. Lorenz, Richelieu und Saguenay – werden stark belastet, wobei die Papier- und die verarbeitende Industrie im Großraum von Montréal, in Trois-Rivières und in Ville de Québec im Vordergrund der Kritik stehen. Die Versprechungen von Bundesregierung, Provinzbehörden und Wirtschaftsverbänden, mit großangelegten Säuberungsaktionen und schärferen Umweltgesetzen eine wirkliche Änderung herbeizuführen, klingen ähnlich vollmundig wie in Deutschland, haben aber noch keine einschneidenden Maßnahmen nach sich gezogen. Einzig in den drei Nationalparks Québecs wird die Natur bedingungslos geschützt, und in den rund 50 Provinzparks ist immerhin nur eine begrenzte Nutzung der natürlichen Ressourcen gestattet.

Bevölkerung

Mit 7,2 Mio. Einwohnern ist Québec nach Ontario die bevölkerungsreichste Provinz Kanadas. Über 3 Mio. leben allein im Großraum Montréal, und 80 % insgesamt in den Städten am Südrand der Provinz. Der Kanadische Schild hingegen ist fast gänzlich unbesiedelt. Rund 6 Mio. aller Québécois sind frankophon. Von diesen stammen 90 % von den bis 1681 nach Neufrankreich eingewanderten französischen Siedlern ab. Hier liegt der Urgrund für das Traditionsbewußtsein und die starke Identität der Québécois. Die 580 000 anglophonen Provinzbewohner sind die Nachfahren der nach der amerikanischen Unabhängigkeit 1783 immigrierten königstreuen Loyalisten. Sie konzentrieren sich hauptsächlich im Großraum Montréal. Im Umkreis der multikulturellen Metropole leben auch rund 600 000 Einwanderer aus anderen Teilen der Welt, vor allem aus Lateinamerika und Asien.

Die Sprachgesetze

„Frankophone Insel im anglophonen Ozean" – dieser Slogan umschrieb in den 60er Jahren das Lebensgefühl vieler Québécois. Auch als die kanadische Regierung 1971 den Multikulturalismus propagierte, eine Politik des gleichberechtigten Nebeneinanders der zahlreichen ethnischen Gruppen, blieben die Frankophonen skeptisch. Vor der Übermacht der anglokanadischen und amerikanischen Kultur sahen sie ihre eigene französisch geprägte mehr und mehr bedroht. Hinzu kam ein dramatischer Rückgang der Geburtenrate um 50 % und der Umstand, daß die in Québec eintreffenden Neueinwanderer sich mehrheitlich der anglophonen Minderheit anschlossen.

Die Provinzregierung handelte: Nach einer Reihe von Gesetzen, die Einwanderern den Besuch französischsprachiger Schulen vorschrieben, wurde Französisch 1974 zur einzigen offiziellen Sprache in Québec bestimmt – während Gesamtkanada seit 1969 ein zweisprachiges Land ist, in dem in Politik und öffentlichem Leben Englisch und Französisch zumindest formal als gleichberechtigt gelten. Untermauert wurde diese Entscheidung drei Jahre später mit dem Gesetz Nr. 101, das den Gebrauch des Französischen in allen Bereichen des öffentlichen Lebens bindend vorschreibt – bis dahin war Englisch in Québec die Geschäftssprache gewesen, hatten Anglophone in nahezu allen Schlüsselpositionen der Wirtschaft gesessen. 1989 kam Gesetz Nr. 178 hinzu, wonach alle Schilder in Québec auf französisch abgefaßt werden müssen.

Heute sind die frankophonen Québécois zwar Herren im eigenen Haus, das Gesetz Nr. 101 hat aber das Verhältnis zur anglophonen Minderheit spürbar belastet. Viele Anglos sind nach Toronto gezogen oder sitzen, die Angst vor einem erfolgreichen Referendum im Nacken, auf gepackten Koffern.

Wirtschaft

Der Sprung von der konservativ-agrarischen zur modernen industriellen Gesellschaft mit stark diversifizierter

Wirtschaft gelang erst im 20. Jh. Motor dieser rasanten Entwicklung war u. a. der als „Stille Revolution" berühmt gewordene liberale Klimawechsel Anfang der 60er Jahre. Er verschaffte Québec die wirtschaftliche Führungsrolle in Kanada, die allerdings Anfang der 80er an Ontario verlorenging, als Separationskrise und Sprachgesetze Tausende von anglophonen Geschäftsleuten und Unternehmern dazu brachte, Québec den Rücken zu kehren. Auch heute übt jede Regierung mit Hilfe von Nationalisierungs- und Investitionsprogrammmen starken Einfluß auf die Wirtschaft aus.

Gegenwärtig kommt ein Viertel aller in Kanada hergestellten Güter aus Québec. Größte Wirtschaftszweige sind die Metallverarbeitung, die Zellstoff- und Papierherstellung und die Nahrungsmittelindustrie. Die meisten Milchprodukte in Kanada stammen von Kühen aus Québec. In den Bergwerken werden Gold, Kupfer und Eisenerz abgebaut. In den letzten 20 Jahren hat sich die

Die Stille Revolution

Kleine Dörfer mit unverhältnismäßig großen Kirchen und eine Sprache, deren stärkste Flüche aus dem Bereich der Kanzel stammen: das ist alles, was heute an die beispiellose Macht der katholischen Kirche erinnert. Früher war das anders. Nach der Rebellion der frankophonen Patrioten (s. S. 16) für ihre Loyalität zur Staatsmacht mit der Kontrolle über das Erziehungs- und Gesundheitswesen belohnt, durchdrang die Kirche von 1840 an alle Bereiche des gesellschaftlichen Lebens und blockierte so eine umfassende Modernisierung. Die Wende in der Politik kam erst mit den Liberalen unter Jean Lesage (1960–1966): Der Klerus wurde entmachtet, die Energiewirtschaft verstaatlicht und vorzugsweise frankophone Geschäftsleute und Betriebe unterstützt. Getragen wurde die „révo-lution tranquille" von einem neuen Nationalismus, der unpolitische „Frankokanadier" in politisch und kulturell bewußte „Québécois" verwandelte und sich gegen die Überfremdung der französischen Sprache und Kultur wandte, vor allem gegen die drohende Amerikanisierung. Populärstes Sprachrohr dieser Bewegung war das Chanson: Dichter und Sänger wie Gilles Vigneault (geb. 1928), Félix Leclerc (1914–1988) und Raymond Lévesque (geb. 1932) sangen von ihrer Liebe zu Québec, von der endlosen Weite und den kleinen Dörfern, und zwar im „joual", der bis dahin als Sprache der Bauern abgewerteten Umgangssprache. Politisch fand der Nationalismus seinen Ausdruck 1968 in der Gründung der separatistischen Parti Québécois und der Formulierung der Sprachgesetze.

Provinz allerdings vom Rohstoff-lieferanten zum High-Tech-Exporteur entwickelt. Vor allem in der Energie-wirtschaft, die die gewaltigen Wasser-massen im Norden in Strom, ein wich-tiges Exportgut, verwandelt, wurden neue Technologien entwickelt, die weltweite Nachfrage finden. Im Groß-raum von Montréal angesiedelt sind renommierte Flugzeug- und Raum-fahrtfirmen wie Pratt & Whitney, Spar Aerospace, Bell Helicopter und Canad-air, aus deren Hallen u. a. der Regional-jet „Challenger" stammt. In der Phar-matechnik ist Québec bereits führend. Seit Anfang der 90er Jahre investiert Québec mehr als alle anderen kanadi-schen Provinzen in Forschung und Technik.

Wirtschaftsexperten sind sich darüber einig, daß Québec seine Möglichkeiten längst noch nicht ausgeschöpft hat. Die im Raum stehende Scheidung von Ka-nada allerdings läßt viele Investoren zögern, und auch die weltweite Wirt-schaftskrise bremst die Entwicklung. Daß ein unabhängiges Québec wirt-schaftlich überlebensfähig wäre, gilt als sicher.

Politik

Québec ist eine von zehn Provinzen im kanadischen Bundesstaat. In hohem Maße dezentralisiert, gesteht dieser den Provinzen ein weitaus höheres Maß an Unabhängigkeit von Ottawa zu als

> ### Steckbrief
>
> **Größe:** 1 540 680 km², davon 183 889 km² Flüsse und Seen (12 %)
>
> **Bevölkerung:** 7,2 Mio.
>
> **Bevölkerungsdichte:** 4,7 Einw./km²
>
> **Hauptstadt:** Ville de Québec
>
> **Größte Städte:** Montréal (3,2 Mio.), Ville de Québec (650 000), Sherbrooke (139 000)

Bonn den deutschen Bundesländern. Die Kompetenzen sind dabei allerdings nicht immer eindeutig geklärt, Bund und Provinzen konkurrieren miteinan-der und lähmen sich zeitweise gegen-seitig. Doppelte Haushaltsführung be-lastet die Budgets und verstärkt den von jeher existierenden Regionalismus. Je größer das Selbstbewußtsein der Provinzen – v. a. Québec, British Co-lumbia und Alberta sind hier zu nen-nen –, desto schwächer der Bund. Hier liegt die Wurzel für die Gefährdung der Einheit Kanadas.

Québec flirtet seit Jahrzehnten offen mit der Unabhängigkeit. Sprachrohr der Separatisten ist die Parti Québécois (PQ), die 1994 nach einer enttäuschen-den Vorstellung der Liberalen zum zweiten Mal an die Macht gewählt wurde. Beim Referendum im Jahr dar-auf löste sie ihr Wahlversprechen ein und erteilte den Bürgern das Wort: 49,7 % sprachen sich für den Verbleib bei Kanada aus, während 48,5 % bzw. 2,3 Mio. Bürger „oui" zu „Québec libre" sagten. Kanada in seiner existierenden Form überlebte – mit ganzen 50 000 Stimmen Vorsprung!

Die folgenden Reaktionen zeigten, wie gereizt die Stimmung, wie verhärtet die Fronten auf allen Seiten sind. Ottawa bot Québec erneut die verfassungs-mäßige Verankerung als société dis-tincte (mit eigener Sprache und Kultur) und das Vetorecht im Bund bei ver-fassungsrechtlichen Fragen an. Nicht diskutabel, hieß es aus Québec, keine Extrawürste mehr für Québec, klang es aus dem selbstbewußten We-sten. Aber auch den Separatisten droht die Sezession: Sollte ein erneutes Refe-rendum zugunsten der Unabhängigkeit ausfallen, wollen sich die Cree in Nor-den ebenso von Québec lossagen wie einige anglophone Enklaven. Ein noch kühneres Modell sieht Montréal, die traditionelle Hochburg der Pro-Kana-da-Kräfte, künftig als unabhängigen Stadtstaat à la Singapur. In jedem Fall könnte Kanada als Staat zusammen-brechen wie ein Kartenhaus.

Geschichte im Überblick

70 000–12 000 v. Chr. Über die Landbrücke der Beringstraße gelangen Jäger und Sammler aus Asien nach Nordamerika.

1534 Jacques Cartier segelt den St.-Lorenz-Strom hinauf und nimmt Kanada für Frankreich in Besitz. 1535 erreicht er die Huronensiedlung Hochelaga auf der Ile-de-Montréal.

1608 Der Kartograph und Entdecker Samuel de Champlain gründet Québec, die Hauptstadt Neufrankreichs. Beginn des Pelzhandels im großen Stil.

1609–1633 Bündnis der Franzosen und Huronen gegen die Irokesen.

1642 Paul de Maisonneuve gründet Ville-Marie (heute Montréal). Beginn der Irokesenkriege.

1648 Die Huronen werden von den Irokesenstämmen vernichtet.

1663 Ludwig XIV. erhebt Neufrankreich zur Provinz. Rund 1000 *filles du roi*, heiratswillige Waisenmädchen, überqueren den Atlantik und begründen mit zum Bleiben bereiten Soldaten die Tradition großer Familien in Neufrankreich.

1670 Britische Pelzhändler gründen die *Hudson's Bay Company (HBC)*. Beginn der *petites guerres* der Franzosen gegen britische Handelsposten. Montréal entwickelt sich zum Pelzhandelszentrum Nordamerikas. Die große Zeit der Waldläufer, der *coureurs de bois*, beginnt, als die Biberbestände am St. Lorenz erschöpft sind.

1673 Der Jesuitenpater Jacques Marquette und Louis Jolliet dringen bis zum Mississippi vor.

1756–1763 Siebenjähriger Krieg zwischen England und Frankreich.

Samuel de Champlain, Seefahrer, Kartograph und Entdecker

Ein Relief an der Place d'Armes von Montréal erinnert an die Gründung der Stadt

Dem Pelzhandel verdankte Neufrankreich seinen Reichtum und seine Erschließung

Geschichte im Überblick

1759 Die Briten erobern Québec – das Ende von Neufrankreich.

1774 Im *Québec Act* garantieren die Briten den Franzosen ihre Sprache, Religion und Rechtsprechung.

1783 Nach der amerikanischen Unabhängigkeit siedeln königstreue Loyalisten in den Eastern Townships.

1791 Wegen Spannungen zwischen Anglo- und Frankokanadiern wird im *Constitutional Act* die Kolonie in die Provinzen *Lower Canada* (Québec) und *Upper Canada* (Ontario) geteilt.

1812–1814 Die USA versuchen im Krieg von 1812, die Kontrolle über die Großen Seen zu erlangen.

1837–1838 In der blutigen *Rebellion des Patriotes* versuchen frankophone Liberale wie der Anwalt Louis-Joseph Papineau, eine Kontrolle der von Großbritannien gelenkten Regierung durch die Volksvertretung zu erreichen, scheitern jedoch, da sich nur wenige am bewaffneten Aufstand beteiligen.

1841 Der *Act of Union* vereinigt beide Provinzen zur Province of Canada.

1. Juli 1867 Québec, Ontario, Nova Scotia und New Brunswick schließen sich im *British North America Act* zum Dominion of Canada zusammen – die Geburtsstunde Kanadas.

1885 Die Grand Trunk Railroad verbindet Montréal mit der Pazifikküste. Für Montréal beginnt eine Blütezeit.

1905 Die letzten britischen Truppen verlassen Kanada. Québec erlebt eine Einwanderungswelle aus Osteuropa.

1914–1918 Erster Weltkrieg. Das Einberufungsgesetz – Québec ist dagegen, alle anderen Provinzen dafür – bedroht Kanadas Einheit.

1920–1940 Industrialisierung der ländlichen Gebiete Québecs.

1939–1945 Wirtschaftsboom. Nach Kriegsende neue Einwanderungswelle in Québec.

1959 Eröffnung des St. Lawrence Seaway.

1960 Beginn der „Stillen Revolution" (s. S. 13).

1970 Ermordung des Quebecer Arbeitsministers Pierre Laporte durch die terroristische *Front de Libération du Québec (FLQ)*. Premierminister Pierre Trudeau verhängt den Ausnahmezustand über Montréal.

1976 Olympische Sommerspiele in Montréal; Wahlsieg der separatistischen *Parti Québécois (PQ)* unter René Lévesque.

1980 Erstes Referendum in Québec: 60 % stimmen gegen die Unabhängigkeit.

1982 Kanada erhält im *Constitution Act* eine neue Verfassung, die von Québec nicht unterzeichnet wird.

1987 Québec stimmt dem neuen Grundgesetz zu, unter der Voraussetzung, daß in einer Verfassungsänderung *(Meech Lake Accord)* die kulturelle und sprachliche Eigenständigkeit Québecs festgeschrieben werden.

1990 In den Provinzparlamenten von Manitoba und Newfoundland scheitert die Ratifizierung des Meech Lake Accord. Daraufhin tritt auch Québec zurück und droht erneut mit einer Abspaltung von Kanada.

1994 Die Parti Québécois unter Jacques Parizeau siegt bei den Wahlen in Québec.

1995 Zweites Referendum: Die Québécois entscheiden sich nur knapp für den Verbleib bei Kanada.

Seit 1996 führt *Lucien Bouchard* die PQ; sein Ziel: ein drittes Referendum.

„Wir waren Cäsaren"

Wie Lederstrumpf die Wälder durchstreifen und im Kanu in unbekannte
Regionen vorstoßen – wovon man
schon in jungen Jahren bei der Lektüre
von James Fenimore Coopers Geschichten träumte, das war einst in
Québec eine reale Welt. Die meisten der
legendären französischen Waldläufer,
coureurs de bois genannt, kamen aus
Montréal. Von hier aus zogen sie in die
Wälder, um mit Pelzen ihr Glück zu
machen, was allemal besser war, als
den schweren Pflug durch Neufrankreichs Scholle zu ziehen. Oft jahrelang

*Der St. Lawrence Seaway fügte
Québecs Wirtschaft Schaden zu*

unterwegs, stießen sie in Regionen vor,
die vor ihnen kein Weißer gesehen
hatte. Jacques de Noyon aus Montréal
erreichte 1688 Manitoba. Gebürtige
Montréaler waren auch Daniel Greyso-
lon, der Sieur du Luth (der Duluth in
Minnesota seinen Namen gab) und der
Sieur de Lamothe-Cadillac, der Gründer von Detroit und spätere Gouverneur von Louisiana. Die Brüder La
Vérendrye sahen Anfang des 18. Jhs.
als erste Weiße die Rocky Mountains,
und bereits um 1660 trieb sich Pierre-
Esprit Radisson, der berühmteste seiner
Zunft, an der Hudson Bay herum. „Wir

*Die Lilie – Zeichen für Québecs
Streben nach Unabhängigkeit*

waren Cäsaren", schrieb er, „es gab niemanden, der uns hätte widersprechen
können." Und er meinte, was er sagte:
Als ihm die Bürokratie Neufrankreichs
keine Handelslizenz erteilte, ja ihm
quasi als „Wilderer" eine hohe Strafe
auferlegt, wandte er sich an die Londo-
ner Pelzhändler und betrieb die Gründung der Hudson's Bay Company – für
den Erzrivalen Großbritannien. Im 18.
und frühen 19. Jh. standen die Waldläufer als fest angestellte Voyageurs im
Sold Montréaler Handelsgesellschaften
und verrichteten auf der Jagd nach
Prämien Akkordarbeit. Mit der Romantik eines freien, selbstbestimmten Lebens war es allerdings damals schon
vorbei. Heute erinnert der schwimmen-
de Untersatz der Waldläufer, das Kanu,
an eine große Zeit. Es gibt seinen Besit-
zern ein Gefühl von Freiheit und Unabhängigkeit.

*Lucien Bouchard, Führer der
Parti Québécois (PQ)*

Kultur gestern und heute

Nach der Rückbesinnung auf die eigene, französisch geprägte Tradition versteht man sich in Québec heute als eine *société distincte*, als eine sich vom übrigen Nordamerika unterscheidende Gesellschaft mit einer fest im Volksleben verwurzelten Kultur, die die Trennung vom Mutterland ebenso überlebt hat wie den kontinuierlichen Assimilierungsdruck der nordamerikanischen Massenmedien. Dabei genoß in Québec lange nur die Importware aus Frankreich, Großbritannien und Nordamerika Ansehen. Das Québécois wurde als eine ungehobelte Variante des Französischen, die ländliche Kultur als primitiv und rückständig abgewertet. Erst die „Stille Revolution" (s. S. 13) hat den Stolz auf die Sprache und das Bewußtsein einer eigenständigen Kultur geweckt. Engstirnigkeit ist daraus nicht erwachsen: Heute bietet die Provinz eine spritzige, weltoffene Kunstszene, die ihre Inspiration aus den verschiedensten Quellen bezieht.

Volkskunst

Der Quebecer Volkskunst begegnet selbst der Kneipenbummler: Das Starkbier „Maudite" macht mit einem fliegenden Kanu und einem grinsenden Beelzebub auf dem Etikett nicht nur auf das Produkt, sondern auch auf die Erzähltradition Québecs aufmerksam. Fromme Priester, harte Winter und die Erinnerung an die wagemutigen *coureurs de bois* (Waldläufer) sind die Bausteine von Märchen und Legenden, die anno dazumal professionelle Erzähler an langen Abenden zum besten gaben. Heute noch beliebt sind das Märchen vom fliegenden Kanu, in dem liebeshungrige Holzfäller einen Pakt mit dem Satan eingehen, und die Geschichte der eitlen Rose Latulipe, die bei einem Tanz mit dem Teufel fast zu Tode kommt und erst von einem Priester aus dem Bann des Bösen befreit wird.

Dem traditionellen Québec begegnet man am ehesten in den *cabanes à sucre*, in denen im Frühling jung und alt bei mit Ahornsirup gesüßten Holzfällermahlzeiten das Ende des Winters feiern. Dabei werden gern muntere Wechselgesänge angestimmt, wird zur Polka das Tanzbein geschwungen.

Architektur

Von den hölzernen Wehrdörfern der Indianer und den Blockhäusern der ersten französischen Siedler ist außer Zeichnungen nichts geblieben. Dabei florierte die Baubranche in Neufrankreich schon früh. 1636 wurde in Ville de Québec Kanadas erster Stadtplan gezeichnet und 1685 in Montréal ein Zimmermann gerügt, weil er mehr Zeit in der Kneipe als auf der Baustelle zubrachte. Stein löste das Holz erst gegen Ende des 17. Jhs. ab. Montréal und Québec erhielten repräsentative religiöse Gebäude im Stil des französischen Klassizismus, wie das Séminaire de Saint-Sulpice (1683) und die Basilique Notre-Dame (1647). Zu Beginn des 18. Jhs. verboten Kanadas erste Baugesetze jegliche feuergefährliche Ornamentik. Dicke Feldsteinmauern, steile Schieferdächer und weit über die Giebel ragende Brandschutzmauern haben sich bis heute in den Altstädten von Montréal und Québec erhalten.

Um 1800 begann sich der symmetriebewußte britische Neoklassizismus durchzusetzen. Für die Rückbesinnung auf die Ideale der Antike steht der elegante Marché Bonsecours von 1847 in Montréal. Auf dem Land hatte es die britische Architektur indes nicht so leicht: Als Gegenstück zum britischen cottage entstand die *maison québécoise*, mit ihren großen Fenstern, reich verzierten Giebeln und der gemütlichen Veranda noch heute ein gern kopiertes Stück traditioneller Architektur.

Die zweite Hälfte des 19. Jhs. erlebte einen wahren Stil-Cocktail: Die Kirchen, allen voran die Basilique Notre-Dame in Montréal, wurden im verschwenderischen neogotischen Stil errichtet, herrschaftliche Villen und Hotels wie das Ritz-Carlton in Montréal lehnten sich an die Wohlstand signalisierende italienische Neorenaissance an. Als typisches Beispiel für den Second-Empire-Stil sei das Hôtel de Ville Montréals genannt, während das berühmte Nobelhotel Château Frontenac in Ville de Québec ein Meisterwerk des Château-Stils ist. Anfang des 20. Jhs. erlaubten Stahlgerüste den Bau der ersten Wolkenkratzer. Die Architekten der Chicago School übten an der Place d'Armes in Montréal, bevor sie nach New York gingen. Regelrecht ausgenüchtert wurde Montréals Skyline in den 60er Jahren. Der Bürogigant Place Ville-Marie von I. M. Pei und der pechschwarze Westmount Tower von Ludwig Mies van der Rohe signalisierten den Glauben an die Funktionalität. In den 80er Jahren kehrte mit der Postmoderne die Vielfalt zurück. Sichtbarstes Beispiel ist in Montréal 1000 La Gauchetière, ein eleganter Monolith aus Glas, Marmor, Granit und Aluminium, der von einem gotisch anmutenden Dach abgeschlossen wird. Auf dem Land haben einige Häuser und Höfe überlebt, die frühe Siedler im Stil der Bretagne und Normandie mit wuchtigen, dicken Steinquadern errichteten – Grüße aus der alten Welt.

Im Herzen Québecs stehen noch einige der frühesten Steinhäuser

Typische maison québécoise auf der Ile d'Orleans

Malerei

Alle Bilder aus der Frühzeit Neufrankreichs stammen von Geistlichen. Ihre naiven, meist die Heilige Familie zeigenden Werke dienten nicht nur frommer Andacht, sondern auch als Anschauungsmaterial für die Indianer, die es zu bekehren galt. Produktivster Maler-Mönch war *Frère Luc* (1614–1685).

Ein Etikett mit Geschichte ...

Nach 1780 konnte man von der Porträtmalerei sogar leben. Auf 4200 Bilder brachte es *Louis Dulongpré* (1754 bis 1843). *Joseph Légaré* (1795–1855) machte das Landschaftsbild gesellschaftsfähig. Sein Schüler *Antoine Plamondon* (1804–1895), ließ sich in Paris ausbilden, wieder in der Porträtmalerei. In Europa studiert hatte auch *Théophile Hamel* (1817–1870), der die Romantik in Québec zu höchster Blüte brachte. Erst der deutschstämmige *Cornelius Krieghoff* (1815–1872) bahnte den Landschaftsmalern endgültig den Weg. Seine Landschafts- und Alltagsszenen waren zwar stark romantisierend, jedoch so detailliert, daß sie zur Fundgrube für Historiker wurden.

1860 erfolgte zur Förderung der schönen Künste die Gründung der Art Association of Montréal. Bis weit ins 20. Jh. blieben Québecs Maler, darunter die Impressionisten *Marc-Aurèle de Foy Suzor-Coté* (1869–1937) und *Clarence Gagnon* (1881–1942), dem Vorbild Europa verpflichtet. Nur *Ozias Leduc* (1864–1955), ein Individualist, der sich der Mystik verschrieb, ließ sich in kein Schema pressen. Der nationalistischen Naturburschen-Ideologie und dem Outdoor-Pathos der Mitglieder der Group of Seven, die als kanadische Maler schlechthin angesehen wurden, begegnete man in Québec distanziert: 1939 gründete *John Lyman* (1886 bis 1967) die Contemporary Arts Society und organisierte die sog. *Modernistes*, die wie z.B. *Marc-Aurèle Fortin* (1888 bis 1970) das Abenteuer Kunst nicht in der Natur, sondern in der individuellen Sensibilität suchten.

Die Übertragung des kreativen Impulses auf die Leinwand kultivierten während des Zweiten Weltkriegs die *Automatistes* um *Jean-Paul Riopelle* (geb. 1923), *Alfred Pellan* (1906–1988) und *Paul-Émile Borduas* (1905–1960); daraus entstand eine vom europäischen Surrealismus unabhängige abstrakte Malerei. 1948 veröffentlichten sie das Manifest „Refus global", das die Unterdrückung der Kunst in Québec

anprangerte und jegliche institutionelle Autorität – womit v.a. die katholische Kirche gemeint war – radikal zugunsten der Selbstverwirklichung des Individuums ablehnte.

In der heutigen Kunstszene dominiert keine bestimmte Richtung. Maler wie *Charles Gagnon, Ulysses Comtois* und *Yves Gaucher* haben ihre eigenen, hochspezialisierten Stile entwickelt.

Literatur

Die Literatur Neufrankreichs bestand im wesentlichen aus Reiseberichten und den tagebuchartigen „relations" der Jesuiten, in denen der Missionsalltag schriftlich festgehalten wurde. Ein Forum fanden Québecs Autoren erst Anfang des 19. Jhs. in den Tageszeitungen „Le Canadien" und „La Minerve", aber bis 1900 sollte die junge Literatur noch unter dem Eindruck der Kirche verharren. Anfang des 20. Jhs. nahm die Schreibkultur nationalistische Züge an: *Lionel-Adolphe Groulx* (1878 bis 1967), Herausgeber der „L'action française", forderte die Rückbesinnung auf traditionelle Werte, während *Louis Hémon* (1880–1913) in dem international erfolgreichen Roman „Maria Chapdelaine" (posthum veröffentlicht 1916) das ländliche Québec verherrlichte. Das Trauma des Zweiten Weltkriegs löste Nachdenklichkeit aus: Vom ländlichen Bereich wandte man sich dem psychologischen Roman zu, in dem die gesellschaftlichen Normen, vor allem der moralische Führungsanspruch der Kirche, kritisch hinterfragt wurde. „Au pied de la ponte douce" (1944) von *Roger Lemelin* (geb. 1919) spielt im städtischen Proletariat, und auch die Geschichten von *Gabrielle Roy* (1909 bis 1983) sind in der Stadt angesiedelt.

Die „Stille Revolution" eröffnete der Literatur ein neues, weites Feld. In ihrem Klima entdeckten Québecs Dichter eine eigene kulturelle Identität und experimentierten mit neuen Stilmitteln. Die Werke von *Gaston Miron, Gatien Lapointe, Jacques Brault* und *Fernand*

Ouellette wurden in einem wahren Kulturhunger verschlungen. Von den anglophonen Autoren der Provinz sind v. a. *Hugh Mac Lennan* (geb. 1907) – sein Roman „Two Solitudes" ist ein Schlüssel zum Verständnis der Anglos und Frankos – und *Mordecai Richler* (geb. 1931) zu erwähnen, dessen beißende Satiren schon manchen Aufschrei der Entrüstung ausgelöst haben. Die bekanntesten Autoren der letzten 30 Jahre sind *Anne Hébert* (geb. 1916), deren Roman „Kamouraska" mehrfach ausgezeichnet wurde, und der Autor und Dramatiker *Michel Tremblay* (geb. 1942), seit dem 1968 in der Umgangssprache *„joual"* inszenierten Theaterstück „Belle-sœurs" fester Bestandteil der Montréaler Literaturszene.

Gilles Vigneault

Musik und Theater

Die Komponisten der kanadischen Nationalhymne „Oh, Canada" stammen – welch Ironie! – aus Québec: *Adolphe-Basile Routhier* schrieb den Text, *Calixa Lavallée* die Musik. Montréal darf mit Fug und Recht als musikali-

Mordecai Richler ist auch in Deutschland seit Jahren bekannt

Feste und Veranstaltungen

Februar: zehntägiger Winter Carnaval in Ville de Québec (ab 1. Dienstag). Das größte Winterfest seiner Art bietet farbenprächtige Umzüge, Bootsrennen über den vereisten St.-Lorenz-Strom und Wettbewerbe im Schneeburgen- und Eisskulpturenbauen.

März: zum Ende des Monats Ahornsirup-Feste in vielen Dörfern.

Mai–Juni: Benson & Hedges International Fireworks Competition, ein Feuerwerk im Vieux-Port von Montréal.

Juni: Les nuits internationales des jazz et blues de Québec (Mitte bis Ende) mit Jazz- und Bluesgruppen in allen Winkeln der Hauptstadt. – Festival international de Jazz de Montréal (Ende Juni bis Anf. Juli), auf Straßen, Plätzen und in Hallen. – Festival international de Lanaudière in Joliette (Ende Juni bis Anf. Aug.), eines der führenden Klassik-Festivals in Nordamerika.

Juli: Festival d'été international de Québec (Anf. bis Mitte), farbenprächtiges Festival von Straßenkünstlern in Ville de Québec. – Festival Juste Pour Rire in Montréal (Mitte bis Ende), größtes Comedy-Festival der Welt.

August: World Film Festival (Ende Aug. bis Anf. Sept.), prestigeträchtiges Festival in Montréal.

September: La Mauricie International Canoe Classic in Trois-Rivières (erstes Wochenende), ein Kanurennen über 193 km. – Montréal Island Marathon (Ende des Monats).

sches Zentrum von Québec bezeichnet werden. Das Orchestre Symphonique de Montréal genießt Weltruhm, das Ballettensemble Les Grands Ballets Canadiens ist seit 35 Jahren die Nummer eins im Ballett, und die Opéra de Montréal hat mit ihren Produktionen ganz Nordamerika aufhorchen lassen.

Das Theater entwuchs erst in den 50er Jahren seinen Kinderschuhen. Heute zeichnen sich die Montréaler Schauspieltruppen vor allem durch ihre Experimentierfreude aus. Die Gruppe junger Dramaturgen führt zweifellos der junge *Robert Lepage* (geb. 1957) an.

Musik ist die Seele der Volkskultur in Québec. *Félix Leclerc* (1914–1988) wurde zum Wegbereiter einer Generation von Chansonniers und Liedermachern, von denen heute v. a. *Gilles Vigneault* (geb. 1928) und *Robert Charlebois* (geb. 1944) ungebrochene Popularität genießen. Québecs Exportartikel in Sachen Popmusik ist die zweisprachige *Céline Dion,* deren Songs Spitzenplätze in US- und europäischen Hitparaden einnehmen. Unter den französischsingenden Interpreten sind die zwischen Jazz und Rock angesiedelte *Thérèse Montcalm* und *Kevin Parent,* das Rockidol der Teenager, hervorzuheben.

Film

Geburtshelfer des Quebecer Films war das National Film Board of Canada in Montréal, dessen Dokumentarfilmer mit dem *cinéma vérité* ein eigenständiges Genre schufen und mit *Pierre Perrault* (geb. 1927) und *Michel Brault* (geb. 1928) ihre erfolgreichsten Vertreter hatten. Der Regisseur *Denys Arcand* (geb. 1941) wurde für seine Filme „Der Untergang des amerikanischen Imperiums" (1986) und „Jesus von Montréal" (1989) für den Oscar nominiert. Québecs derzeitiges Wunderkind ist *Robert Lepage.* Zwischen eigenwilligen Shakespeare-Inszenierungen dreht er Filme. 1995 erhielt sein „Le Confessional" drei Genie Awards, die höchste Auszeichnung der kanadischen Filmindustrie.

Essen und Trinken

Französische Cuisine und amerikanische Steaks, exotische, dem Geschmack verschiedener Nationalitäten verpflichtete Restaurants und muntere Straßencafés – die Welt im kleinen beiderseits des St. Lorenz. In den zwei Großstädten sind einige Viertel und Straßenzüge kulinarische Anziehungspunkte: in Montréal die Altstadt Vieux-Montréal, die Rue Crescent, der charmant-verlebte Boulevard Saint-Laurent und die schicke Rue Saint-Denis, in Ville de Québec die Grande-Allée. Und in Regionen wie den Laurentides und der Estrie begegnet man guten Restaurants in einer Konzentration, wie man sie in Europa nur aus dem Elsaß kennt.

Ohne *savoir vivre,* die gewisse Lebensart, wäre Québec jedoch nicht die kulinarische Bastion auf dem Fast-food-Kontinent. Der Bestellung pflegt eine Fachsimpelei über Zutaten und Zubereitung mit dem Ober voranzugehen – soviel Zeit muß sein. Bestecke liegen, in Nordamerika keine Selbstverständlichkeit, in der richtigen Reihenfolge, der Wein wird passend temperiert serviert, und der sonst in den USA und Kanada allgegenwärtige Kaffee kommt am Ende, nicht zu Beginn des Mahls.

Die feine, leichte französische Küche darf man allerdings nicht durchgehend erwarten. Auf dem Land seien Kalorienbewußte sogar vorgewarnt: Die traditionelle *cuisine québécoise* beköstigte hart arbeitende Bauern und Holzfäller und war dementsprechend deftig und üppig. *Cipaille,* eine am Saguenay servierte Fleischtorte mit bis zu sechs Lagen, ist solch eine Kalorienbombe, und die *soupe à la gourganne,* die dicke Bohnensuppe aus dem Charlevoix, wurde auch nicht für jene erfunden, die die Waage immer im Kulturbeutel haben. Die Beauce brachte es mit der *tarte au sirop d'érable*, einem süßen Kuchen aus Ahornsirup und Mürbteig, und allerlei verwandten Produkten zu einigem Ansehen, während der Lac Saint-Jean fast die gesamte Provinz mit Blaubeerkuchen und -likör verwöhnt. Eine *tourtière* schließlich ist eine Pastete aus Rind- oder Schweinefleisch, die nach so vielen Rezepten auf den Tisch kommt, wie es Haushalte in Québec gibt. Auf der Gaspé-Halbinsel und den Iles-de-la-Madeleine dominieren Fisch und Hummer in vielen Zubereitungen die Speisekarte. *Gibelotte*, ein mit Weißwein zubereitetes Frikassee aus Fisch und Gemüse, hat Freunde in ganz Québec.

Ahornsirup on ice!

Natürlich führt französischer Rotwein die Liste der beliebtesten alkoholischen Getränke an. Doch auch wer dem Rebensaft nicht verfallen ist, sollte in Québec angebauten Wein wenigstens probieren. „Marechal Foch", „Seyval", „De Chaunac" sind gute Namen.

Die heimischen Biersorten unterscheiden sich kaum vom amerikanischen Dünnbier. Die wenigen Lichtblicke: „Maudite", ein dunkles Starkbier, „Boréale", „Saint-Ambroise" und „Belle Geule", annehmbare Gerstensäfte, die auch *en fût* (vom Faß) kommen.

Hummer satt am Atlantik

Andere Länder ...

Wie im übrigen Nordamerika unterliegt der Alkoholgenuß auch in Québec einigen für Europäer ungewohnten Beschränkungen. Hochprozentiges und importierten Wein bekommt man nur in den Läden der staatlichen *Société des alcools*. Für den Durst am späten Abend gibt es die *dépanneurs*, kleine Läden an der Ecke, die kanadisches Bier und billigen Wein (Verschnitte oder gar Wein aus Konzentrat) verkaufen. Das Trinken von Alkohol in der Öffentlichkeit wird mit hohen Geldstrafen geahndet. In manchen Restaurants bestellt man alkoholische Getränke vergeblich: Die Besitzer sparen das Geld für die teure Schanklizenz und fordern mit dem Schild „Apportez votre vin" im Fenster ihre Gäste auf, Wein oder Bier mitzubringen. Gläser und Korkenzieher findet man dann am Tisch. Diesen sucht man im übrigen nicht selbst aus, sondern erhält ihn von einem Ober zugewiesen. Nicht vergessen: Das freundliche, aufmerksame Bedienungspersonal lebt auch vom Trinkgeld; in der Rechnung ist aber kein Bedienungsgeld enthalten. Man läßt deshalb ca. 15 % des Rechnungsbetrages (vor Steuern) auf dem Tisch liegen.

Urlaub aktiv

Kanu, Zelt und die Füße sind seit Jahrhunderten die Garanten für denkwürdige Begegnungen mit Bibern, Elchen und Waschbären. Walfontänen an der Schwelle zum rauhen Nordatlantik, ohrenbetäubende Seevogelkolonien und Seehund-Kindergärten im Packeis erlebt man im maritimen Québec, und auch die besten Reviere für Drachensegler (s. S. 82) und Windsurfer finden sich am Golf.

Informationen zu den **Provinzparks** erteilt das Ministère de l'Environment et de la Faune, 150, bd. René-Lévesque Est, Québec (Qué), G 1R 4Y 1, ☎ (418) 643-3127, 📠 643-3330. Auskunft über die **Nationalparks** erhält man von Parcs Canada, 3, rue Buade, C. P. 6060, Québec (Qué), G 1R 4V 7, ☎ (418) 648-4177, 📠 649-6140.

Wandern

Ein Spaziergang zum Biberdamm, die mehrtägige Trekking-Tour für Fortgeschrittene, der Zug mit indianischen Führern durch die karge Tundra zu den Karibuherden – Zeit, Lust und Kondition bestimmen die individuelle Auswahl aus Québecs breitem Angebot. Die schönsten Trails liegen in den Provinz- und Nationalparks. Karten sind an den Parkeingängen und bei den Informationsbüros der touristischen Regionen erhältlich (Adressen s. S. 93).

Drei Vegetationszonen an einem einzigen Tag: Was Wanderer sonst nirgends im Osten Kanadas erleben können, bietet Québec gleich zweimal. In den wilden Monts Chic-Choc im *Parc de la Gaspésie* steigt man durch Misch- und borealen Nadelwald hinauf in arktische Tundra, wobei man Hirsche, Elche und Karibus beobachten kann. Karibus und subarktische Flora begegnen einem auch auf den Wanderwegen durch den

Parc des Grands-Jardins im Charlevoix. Ein herrlicher, 100 km langer Trail schlängelt sich von hier aus durch die höchsten Schluchten östlich der Rocky Mountains.

Karten und Infomaterial bei: Ministère de l'Environment, Parc de la Gaspésie, 10, bd. Saint-Anne O., C. P. 550, Sainte-Anne-des Monts (Qué), G0E 2G0, ☎ (418) 763-3301. La Traversée de Charlevoix, 84, rue St-Édouard, C. P. 171, Saint-Urbain (Qué), G0A 4K0, ☎ (418) 639-2284. Umfassende Informationen liefert die Fédération québécoise de la marche, 4545, av. Pierre-de-Coubertin, C. P. 1000, succ. M, Montréal (Qué), H1V 3R2, ☎ (514) 252-3157. Über Trekking-Touren im Grand-Nord der Provinz informiert Tourisme Québec, Grand-Nord, Place Québec, Québec (Qué), G 1R 2B5, ☎ (418) 643-6820, 📠 646-6439.

Kanutouren

Kanurouten unterschiedlicher Schwierigkeitsgrade gibt es in den meisten der Naturgebiete. Zwischen zwei Seen, auf sog. *portages,* muß man das Kanu tragen. Übernachtet wird auf einfachen Lagerplätzen. Kanu und Campingausrüstung können bei den von der Parkverwaltung lizenzierten Outfittern gemietet werden. In der Regel gibt es pro National- bzw. Provinzpark nur einen Outfitter, der sich meist unmittelbar am Parkhaupteingang befindet. Die schönsten Kanurouten für mehrtägige Outdoor-Abenteuer bieten die Seen und Flüsse im *Parc du Mont-Tremblant,* die Wildnis der 13 600 km² großen *Réserve faunique La Vérendrye* in der Region Abitibi-Témiscamingue und im *Parc national de la Mauricie* der Lac Wapizagonke mit seinen unbewohnten Inseln und einsamen Stränden.

Allgemeine Informationen über Kanutouren in Québec gibt es bei der

Nicht nur an den Küsten der Îles-de-la-Madeleine kann man Seekajak fahren

Fédération québécoise du canot-camping, 4545, av. Pierre-de-Coubertin, C. P. 1000, succ. M, Montréal (Qué), H1V 3R2, ☎ (514) 252-3001.

Seekajak

Auf Augenhöhe mit Finn- und Buckelwalen: Die beliebtesten Paddelreviere sind der *Saguenay-Fjord,* der *Parc du Bic* und die Inseln im *Parc national de Mingan.* Wie man angesichts von Winden und Strömungen am geschicktesten mit dem leichten Gefährt umgeht, lernt man z. B. bei Kayak en folie, 472, rue Notre-Dame, Repentigny, J6A 2T5, ☎ 🖷 (514) 898-7324. Kayak en folie organisiert auch mehrtägige geführte Kajakexpeditionen zu den Walen und Robbenkolonien im St.-Lorenz-Strom.

Informationen bei: Parc marin du Saguenay-Saint Laurent, 182, rue de l'Eglise, C. P. 220, Tadoussac (Qué), G0T 2A0, ☎ (418) 235-4703.
Réserve de parc national de l'Archipel de Mingan, 1303, rue de la Digue, Havre-Saint-Pierre (Qué), G0G 1P0, ☎ (418) 949-2126.

Angeln

800 000 Seen, das Hochseeangeln einmal beiseite gelassen: reichlich Gelegenheit, die Leine auszuwerfen. Angler gehen v. a. auf Forelle, Lachs, Zander und Hecht. Vor dem Vergnügen sollte der Erwerb einer (recht preisgünstigen) Lizenz stehen – die Strafen für unerlaubtes Angeln sind hoch. Erhältlich ist der *Permis provincial annuel* in allen Angelfachgeschäften und in den *pourvoiries,* wie die fishing camps in Québec heißen. Die besten Reviere für Lachs sind der *Rivière Matapédia* auf der Gaspé-Halbinsel und die Flüsse auf der *Ile d'Anticosti* im St.-Lorenz-Strom. Die *Iles-de-la-Madeleine* bieten ein besonderes Vergnügen: Petrijünger können hier dem Mako, einer Haifischart, nachstellen.

Wer Angeln als Urlaubsinhalt versteht, kann sich vorab Informationsmaterial

zuschicken lassen von der Fédération des pourvoyers du Québec, 2485, bd. Hamel, Québec (Qué), ☎ (418) 527-5191, 🖷 527-8326.

Ökotourismus

Mit Biologen zu Walen, Seevögeln und Robbenbabys – gibt es eine bessere Möglichkeit, etwas über Flora und Fauna sowie den Umweltschutz in Québec zu erfahren? Papageientaucher, Kormorane und Weißwale (Belugas) beobachten und in einem alten Leuchtturm übernachten kann man auf den *Iles du Bas-Saint-Laurent* bei Rivière-du-Loup (s. S. 78). Die Inseln gehören der von Naturwissenschaftlern betriebenen Société Duvetnor. In *Longue-Pointe* (s. S. 90) lassen sich Biologen im Schlauchboot bei ihrer Arbeit mit den Walen über die Schulter schauen. Per Helikopter kann man Anfang März den Seehund-Kindergarten im Packeis der *Iles-de-la-Madeleine* (s. S. 84) besuchen. Touren organisiert Château Madelinot, 323, route 199, C. P. 265, Ile du Cap aux Meules, G0B 1B0, ☎ (418) 986-3695, 1-800-661-4537. Alles über die im Frühling und Herbst am St. Lorenz rastenden Schneegänse erfährt man im Centre éducatif des Migrations in *Montmagny* (s. S. 78).

Wintersport

Québec ist als Wintersportziel in Deutschland relativ unbekannt. Dabei wurden die Skigebiete der Laurentides und der Appalachen selbst olympischen Ansprüchen gerecht und sind obendrein absolut schneesicher. 30 000 Kilometer Motorschlitten-Trails ziehen sich kreuz und quer durch die Provinz. Mit PS-starken Kufen-Boliden durch unberührte Winterlandschaften zu fahren ist ein typisch kanadisches Vergnügen. Die besten Monate für das kalte Sportvergnügen sind Februar und März. Informationen zur Wintersportdestination Québec gibt es bei Tourisme Québec, C. P. 979, Montréal (Qué), H3G 2W3, ☎ (514) 873-2015.

Unterkunft

Stilles Anglerglück

Bienvenu! Québecs Hotellerie empfängt Sie mit einer breiten Palette von Übernachtungsmöglichkeiten. Sie haben die Wahl zwischen schloßartigen Nobelhotels und einfachen B&Bs, Resorts mit komplettem Freizeitangebot und gemütlichen Landgasthöfen. Für jeden Geldbeutel ist etwas dabei. Der Gast ist König, der Konkurrenzkampf um seine Gunst hart. Alle großen Hotels veranstalten regelmäßig Discount-Aktionen, es lohnt sich also, nach Sondertarifen zu fragen. Das Sammeln von Koupons, in den USA bereits ein Volkssport, ist auch in Québec im Kommen. Immer mehr Hotelverzeichnisse und Broschüren enthalten Gutscheine zum Ausschneiden, die, beim Einchecken vorgelegt, bis zu 25 % des Zimmerpreises wert sind. Die städtischen Hotels geben ihre Preise meist pro Zimmer ohne Mahlzeit an. Für 70 $ darf man bereits ein geräumiges Zimmer mit Bad, Telefon und Kabel-TV erwarten. Ob das Zimmer von einer oder zwei Personen belegt wird, ist egal. Kinder schlafen bei den Eltern oft kostenlos. Die Preise der Resorts und Landgasthöfe gelten pro Person und schließen mindestens zwei Mahlzeiten ein. Die verschiedenen Betriebstypen folgen (trotz französischer Bezeichnung) der in Kanada üblichen Kategorisierung; die Wahl einer geeigneten Unterkunft ist deshalb ganz einfach.

Québecs Hotellerie bietet eine reiche Auswahl

Hôtels und Motels. Diese Namen entsprechen den international üblichen Bezeichnungen. Der Aufenthalt ist hier meist nur kurzfristig, dient ausschließlich der Übernachtung.

Auberge. Eine Auberge ist die Quebecer Version des Country Inn, eine gemütliche Unterkunft, häufig in einem altehrwürdigen Gebäude in landschaftlich schöner Lage und oft mit hervorragender Küche.

Reservieren und Stornieren

In Québec können Sie ein Zimmer am einfachsten und schnellsten telefonisch über die gebührenfreie 1-800-Nummer des jeweiligen Hotels reservieren. Als Sicherheit bittet die Rezeption um Ihre Kreditkartennummer. Auf jeden Fall sollten Sie nach den Stornierungsfristen des Hauses fragen, um Spielraum in Ihren Reiseplänen zu haben. Bei vorhersehbarer späterer Ankunft ist es ratsam, die Rezeption zu benachrichtigen, damit die Reservierung auch nach 18 Uhr bestehen bleibt.

Hôtel villegiature. Unterkünfte dieser Gattung sind komplett ausgestattete Resorts in Reichweite touristisch erschlossener Naturgebiete. Sie haben einen hohen Freizeit- und Erholungswert, deshalb bleibt man hier in der Regel länger als ein paar Tage.

Gîte du passant. Die Gîtes bieten Bed & Breakfast und zudem häufig familiäre Atmosphäre sowie gute persönliche Tips. Mit durchschnittlich 40 $ pro Übernachtung ist man hier besonders preiswert untergebracht.

Auberge de jeunesse. Entspricht der deutschen Jugendherberge und ist mit 20 $ pro Nacht die preiswerteste Art zu übernachten. Höchstalter gibt es keines, man muß aber einen internationalen Jugendherbergsausweis besitzen.

Camping. Die schönsten der 800 Campingplätze Québecs befinden sich in den National- und Provinzparks und verfügen über sanitäre Einrichtungen, *dépanneurs* (kleine Lebensmittelläden) und oft auch über eine Kanuvermietung.

Hilfreiche Adressen

Viele nordamerikanische Hotelketten sind auch in Québec vertreten. Ihre Büros in Deutschland schicken die neuesten Hotelführer zu und nehmen Reservierungen vor. Landestypischer sind die Mitgliedshäuser der nur in Québec arbeitenden Hotelvereinigungen. Auch von ihnen kann man sich schon vor der Reise kostenlose Hotelführer zusenden lassen; sie helfen darüber hinaus bei der Routenplanung.

Canadian Pacific Hotels & Resorts, Kleiner Hirschgraben 10–12, 60311 Frankfurt/M., ☎ (0 69) 28 22 13, 📠 28 22 02, in Kanada ☎ 1-800-441-1414. Die weltberühmten Eisenbahn-Hotels sind teuer, aber unerreicht in Komfort und Eleganz.

Holiday Inns, Adolfstraße 16, 65185 Wiesbaden, ☎ (06 11) 16 05 40, 📠 16 05 49, in Kanada ☎ 1-800-

HOLIDAY. Gut und zuverlässig. Oft Sonderangebote.

Best Western Hotels, Mergenthaler Allee 2–4, 65760 Eschborn, ☎ (0 61 96) 4 72 40, 📠 47 24 12. Nichts Besonderes, aber preisgünstig und weit verbreitet.

Hôtellerie Champêtre – Québec Resorts & Country Inns, 455, rue St-Antoine Ouest, Suite 114, Montréal (Qué), H2Z 1J1, ☎ (514) 861-4024, 📠 861-4032, in Kanada ☎ 1-800-714-1214. Besondere Merkmale der Mitgliedshotels: landschaftlich schöne Lage, hervorragende Küche.

Chaine Hôte, 1, place Ville-Marie, suite 2732, Montréal (Qué), H3B 1T6, ☎ (514) 861-2821, 📠 861-4016, in Kanada ☎ 1-800-361-6162. Preiswerte Hotelkette.

Fédération des Agricotours du Québec, 4545, av. Pierre-de-Coubertin, C. P. 1000, succ. M, Montréal (Qué), H1V 3R2, ☎ (514) 252-3138. Die Mitglieder dieser B&B-Vereinigung bieten traditionelle Gastfreundschaft auf hohem Unterbringungsniveau.

Regroupement Tourisme Jeunesse, 4545, av. Pierre-de-Coubertin, C. P. 1000, succ. M, Montréal (Qué), H1V 3R2, ☎ (514) 252-3117, 📠 252-3119, in Kanada ☎ 1-800-461-8585. Der Dachverband der Jugendherbergen verschickt nähere Informationen zum Netz seiner Häuser.

Fédération québécoise de camping et caravaning, 4545, av. Pierre-de-Coubertin, C. P. 1000, succ. M, Montréal (Qué), H1V 3R2, ☎ (514) 252-3003. Für alle Naturfreunde, die lieber im Freien nächtigen, die richtige Adresse. Tips und gute Verzeichnisse.

Unterkünfte in allen Regionen der Provinz und in jeder Preisklasse können in Québec übrigens auch zentral gebucht werden, bei **Hospitalité Canada,** Schalter im Centre Infotouriste, 1001, Square-Dorchester, Montréal, ☎ (514) 393-9049.

Reisewege und Verkehrsmittel

Anreise

Air Canada, KLM, Swiss Air und Air France bieten Direktflüge von Deutschland nach Montréal an. Air France unterhält auch eine Verbindung nach Ville de Québec. Wegen des Preiskampfes über dem Nordatlantik gibt es immer wieder Sonderangebote. Außerdem schwanken die Tarife entsprechend der Jahreszeit: Von Anfang Juli bis Mitte September und in der Weihnachtszeit ist der Flug nach Montréal am teuersten. Etwas günstiger ist es von Mitte Mai bis Anfang Juli und von Mitte September bis Mitte Oktober. Die restliche Zeit gilt als Billigsaison.

Reisen in Québec

Mit dem Flugzeug

Größere Entfernungen werden in Québec fliegend zurückgelegt. Ein dichtes Netz regionaler Flugstrecken verbindet Montréal mit den entlegensten Ecken der Provinz. Air Alliance und Inter-Canadien sind die bekanntesten Regional-Carrier. Flüge innerhalb von Québec können in jedem Reisebüro in Montréal gekauft werden. Sie sind jedoch nicht billig, zumal man als Reisender mit begrenzter Urlaubszeit kaum in den Genuß von Sondertarifen kommt. Wer seine Reisepläne genau kennt, kann im heimatlichen Reisebüro günstiger buchen.

Vorfahrt für Hirsche, Elche und Bären – jederzeit

Mit der Bahn

Die staatliche Eisenbahngesellschaft VIA Rail verbindet Québec mit den Nachbarpro-

Nicht alle Verkehrswege in Québec sind asphaltiert

vinzen, die amerikanische AMTRAK wickelt den Zugverkehr von Montréal in US-Städte ab. Innerhalb von Québec bedient VIA Rail Ville de Québec, die Gaspé-Halbinsel mit der Enstation Gaspé, Sherbrooke und Jonquière in der Region Saguenay – Lac Saint-Jean.

Der nur in Reisebüros außerhalb Kanadas erhältliche *Canrail Pass* macht sich erst bei einer Reise quer durch Kanada bezahlt. Wer mehr über das Angebot von VIA Rail erfahren möchte, wendet sich an deren Generalvertretungen: CRD Canada Reisedienst, Rathauspl. 2, 22926 Ahrensburg (für Deutschland und Österreich); TCS, 9, rue Pierre Fatio, CH-1211 Genf 3.

Mit dem Bus

Etwas flexibler als mit der Bahn ist man mit dem Bus. Einen Nachteil haben sie allerdings gemeinsam: National- und Provinzparks sind mit ihnen nicht zu erreichen.

Die bequemste Art, Québec mit dem Bus zu bereisen, bietet der *Rout-Pass.* Er wird auf 20 Tage ausgestellt, gilt auch für Ontario und wird von allen großen kanadischen Busgesellschaften akzeptiert. Er kostet 230 $ für Erwachsene und 115 $ für Kinder unter 12 Jahren. In Deutschland ist er beim Deutschen Jugendherbergswerk erhältlich. In Montréal erteilt das Büro von Orléans Express (☏ 514/842-2281) nähere Auskünfte über Streckennetz, Tarife, Abfahrzeiten etc. In Ville de Québec wählt man ☏ (418) 525-3000.

Mit dem Auto oder Wohnmobil

Auch in Québec kommt, wer die landschaftlichen Sehenswürdigkeiten genießen will, um ein Auto oder Wohnmobil nicht herum. Angemietet werden kann der Wagen vor Ort oder bereits vor Reiseantritt im Heimatland, was sich vor allem beim Camper empfiehlt, denn die bequemen Häuser auf Rädern sind zumindest während der Hochsaison fast alle in festen Händen. Fly and Drive Packages sind besonders preis-

günstig. In Québec haben die internationalen Mietwagenfirmen Hertz, Avis und Tilden Schalter an Flughäfen, Bahnhöfen und in den großen Hotels. Der Mietvertrag wird gegen Vorlage des nationalen Führerscheins (Mindestalter: 21 Jahre!) und einer Kreditkarte ausgestellt. In den Sommermonaten herrscht bei den Mietwagenfirmen Montréals Hochbetrieb; wohl dem, der dann eine Buchung vorweisen kann.

Mitglieder europäischer Automobilklubs können bei einer Panne den Dienst der Canadian Automobile Association kostenlos in Anspruch nehmen: CAA Québec, 1180, rue Drummond, Suite 100, Montréal (Qué), H3G 2R7, ☏ (514) 861-7111. CAA hält zudem Straßenkarten und Tour-Books bereit.

Die Verkehrsregeln in Québec entsprechen weitgehend den europäischen. Anders als in den übrigen kanadischen Provinzen müssen Sie hier an der Ampel auch als Rechtsabbieger auf Grün warten. Die Höchstgeschwindigkeit beträgt auf den Autoroutes (Highways) 100 km/h, in Ortschaften 40–60 km/h.

Das Anlegen von Sicherheitsgurten ist für alle Fahrzeuginsassen vorgeschrieben. Vorsicht bei den gelben Schulbussen: Sobald sie anhalten, um Kinder aus- oder einsteigen zu lassen, dürfen sie weder überholt noch vom Gegenverkehr passiert werden. Überholt wird im übrigen nur links – auch wenn sich auf den Autoroutes nicht alle Québécois an diese Regel halten.

Mitfahrerzentralen

Die preiswerteste Art zu reisen bieten auch in Québec die Mitfahrerzentralen. So bezahlt man beispielsweise für die 550 km von Montréal nach Toronto nicht mehr als 30 $. Mitfahrgelegenheiten bzw. *co-voiturage* in amerikanische Städte werden ebenfalls angeboten. Eine profilierte Mitfahrerzentrale mit zahlreichen Filialen in Québec und Ontario sitzt in Montréal: Âllo Stop, 4317, rue Saint-Denis, ☏ (514) 985-3044, ▥ 985-3077.

**** Montréal**

Die zwei Kanadas

Montréal (3,2 Mio. Einw.) ist nach
Paris die größte französischsprachige
Stadt der Welt. Aber auch sonst gibt
es sich anders als die anderen Metro-
polen Nordamerikas. Der Charme der
Alten Welt und die Dynamik der
Neuen stecken hier unter einer Decke,
und in der lebendigen Innenstadt
kann man auch nachts unbesorgt
spazierengehen. Die Fußgängerampeln
kämpfen vergebens gegen die chroni-
sche Farbenblindheit der Montréalais,
die bis spät abends in der Downtown
einkaufen, bummeln oder den Tag in
ihrem Lieblingsrestaurant beschließen.
Montréal ist ein sprachliches Span-
nungsfeld, das summt und vibriert wie
ein Brummkreisel auf Hochtouren.
Die Menschen sprechen hauptsächlich
Französisch, aber auch Englisch und
weitere 104 Sprachen. Als Verkehrs-
teilnehmer von entwaffnender Rück-
sichtslosigkeit, zeigen sie in Warte-
schlangen angelsächsische Disziplin.
Der Luftraum der Stadt wird von
nordamerikanischen Bürotürmen,
katholischen Kirchtumspitzen und
viktorianischen Giebeln beherrscht,
und in den Kinos laufen französische
und amerikanische Filme. Alle Sehenswürdigkeiten sind per pedes oder
mit der Métro zu erreichen. Wer sich
von der typischen joie de vivre der
Montréaler anstecken lassen will,
sollte drei Urlaubstage reservieren.

Geschichte

„Quel mont royal!" – „Welch könig-
licher Berg!" Der Seefahrer Jacques
Cartier genoß 1535 als erster Weißer
die Aussicht von Montréals Hausberg.
Seinen Traum vom Seeweg nach China
mußte er allerdings angesichts der
mächtigen Stromschnellen bei Lachine

Seite 37

Ob nah, ob fern –
Montréals vieltürmige Skyline . . .

. . . ist aus jeder Perspektive
höchst eindrucksvoll

Die postmoderne Skulptur La
Foule Illuminé von Paul Raymon
in der Avenue McGill College

Seite
37

begraben. 1642 gründete Paul de Chomedey, Sieur de Maisonneuve, im Auftrag des Sulpizianerordens die Siedlung Ville-Marie, die Keimzelle Montréals. Die Bekehrung der Indianer, ursprünglich das Hauptanliegen der Mönche und der Siedler, wandelte sich angesichts der kommerziellen Möglichkeiten schnell zu einem zweitrangigen Motiv. Bis Ende des 17. Jhs. entwickelte sich die am Zusammenfluß von St. Lorenz und Ottawa liegende Siedlung trotz häufiger Irokesen-Überfälle zum größten Pelzhandelszentrum Nordamerikas und Sprungbrett für die Erforschung des Westens.

1760 ergaben sich die 4000 Einwohner kampflos den siegreichen Briten. Die Besetzung Montréals durch amerikanische Revolutionstruppen 1776 blieb ein Intermezzo: Die Montréaler, denen der Québec Act (s. S. 16) soeben ihre angestammten Rechte bestätigt hatte, ließen sich nicht zum Überlaufen bewegen. Die Briten veränderten das Gesicht der Stadt. Banker, Industrielle und Pelzaristokraten bauten an den Hängen des Mont Royal herrschaftliche Residenzen. 1783 gründeten schottische Unternehmer die *North-West Trading Company*, die bis zum Zusammenschluß mit der Hudson's Bay Company 1821 deren erbitterter Konkurrent war. 1786 eröffnete John Molson die Brauerei, die noch heute den Durst der Montréaler löscht, 1821 entstand der Lachine-Kanal. Banken, Großunternehmen und Versicherungen adelten die Rue Saint-Jacques zur Wall Street Britisch-Nordamerikas. 1853 rollte der erste Zug aus den USA in Montréal ein, wenige Jahre später wurden im Hafen die ersten Waggons mit Getreide aus den Prärien umgeschlagen.

1919 lebte eine halbe Million Menschen in der Stadt: die „Anglos" überwiegend im Westen der Insel, die „Frankos" im Osten, Einwanderer aus aller Welt in der Pufferzone. Das Zusammenleben wurde komplizierter. Das Verhältnis der „zwei Einsamkeiten", wie der Schriftsteller Hugh McLennan

die Franko- und Anglokanadier nannte, kühlte vor allem während der beiden Weltkriege dramatisch ab, als man sich vehement um die Einberufungsgesetze stritt. Mit der Weltausstellung Expo '67 und den olympischen Sommerspielen 1976 betrat Montréal die Weltbühne. Anfang der 80er Jahre zahlte es jedoch den Preis für die Unabhängigkeitsbestrebungen Québecs: Etliche große anglophone Unternehmen wanderten nach Toronto ab, Montréal mußte die wirtschaftliche Führung in Kanada an den Erzrivalen in Ontario abtreten. An der Schwelle zum dritten Jahrtausend blickt die Metropole mit gemischten Gefühlen in die Zukunft. Wie auch immer die Auseinandersetzungen um ein von Kanada losgelöstes Québec ausgehen werden – hier wird man die Folgen zuerst zu spüren bekommen.

Sehenswürdigkeiten

Autofahren in Montréal? Zeitverschwendung, denn einen Parkplatz findet man nicht. Ob Altstadt, Downtown, Olympiagelände, Quartier Latin oder Mont Royal – man erreicht alle Sehenswürdigkeiten bequem zu Fuß oder mit der Métro, dem einfachsten Fortbewegungsmittel der Stadt.

Weg 1

**Vieux-Montréal – Droschken, Kirchen, Kopfsteinpflaster

Vieux-Montréal, die kompakte Altstadt mit engen Straßen und Kirchen, Plätzen und Häusern aus drei Jahrhunderten, ist die Top-Attraktion der Stadt. Die bedeutendsten Sehenswürdigkeiten liegen im Bereich dreier Plätze, Place d'Armes, Place d'Youville und Place Jacques-Cartier. Von der Downtown ist Vieux-Montréal am besten über den Square Victoria, die Place d'Armes oder den Champ-de-Mars zu erreichen.

In der Mitte des alten Exerzierplatzes **Place d'Armes** steht eine Statue des Stadtgründers Maisonneuve, im Schatten von Bürotürmen und umgeben von Blumenbeeten, Parkbänken und Pferdedroschken, die auf Kundschaft warten. Zu seinen Füßen befinden sich Lambert Closse, seine rechte Hand, und Jeanne Mance, die 1644 das erste Krankenhaus gründete. Angeblich hat Maisonneuve an dieser Stelle einen Irokesenhäuptling hinterrücks erschossen, was ihn jedoch nicht hindert, stolz und erhobenen Hauptes zur **Basilique Notre-Dame ❶** hinüberzublicken. Die neogotische, 1829 fertiggestellte Kathedrale mit den beiden 70 m hohen Türmen zählt zu den schönsten Kirchen Nordamerikas, wird diesem Titel aber erst in ihrem Inneren voll gerecht. Galerien und Mittelgang laufen auf einen prächtigen Altar zu, über dem ein blauer, sternenübersäter Himmel schwebt. Über dem Eingang streckt sich die Orgel dem Dachgewölbe entgegen, mit 5772 Pfeifen eine der größten der Welt.

Die Bauherren wohnten gleich nebenan im **Vieux Séminaire de Saint-Sulpice ❷**. Das solide Gebäude, noch heute von den Sulpizianermönchen benutzt, stammt aus dem Jahre 1683 und ist das älteste Haus des Bezirks. Mit der vom Pantheon in Rom inspirierten *Banque de Montréal* hat sich 1847 der Mammon gegenüber ein pompöses Denkmal gesetzt.

Maisonneuve vor der Banque de Montréal an der Place d'Armes

Seite 33

❶ Basilique Notre-Dame
❷ Vieux Séminaire de Saint-Sulpice
❸ Place Jacques-Cartier
❹ Hôtel de Ville
❺ Marché Bonsecours
❻ Chapelle de Notre-Dame-de-Bonsecours
❼ Maison du Calvet
❽ Musée d'archéologie de Pointe-à-Callière
❾ Centre d'histoire
❿ Cinéma IMAX

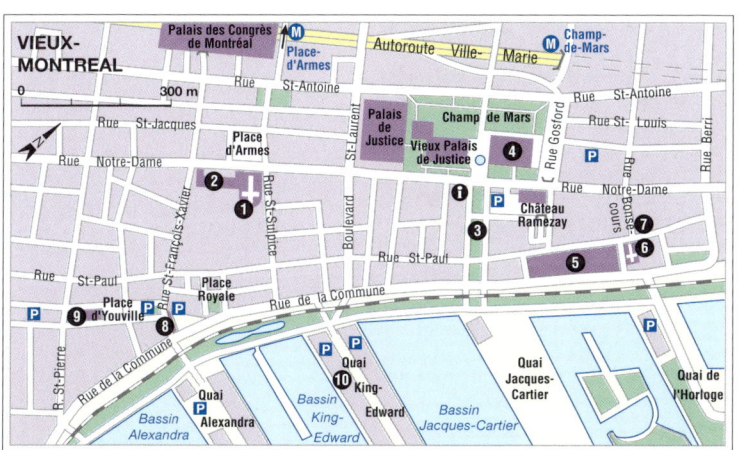

Bistros, Gaukler, Straßenmusikanten und jede Menge Schaulustige: an lauen Sommerabenden ist die hübsche **＊Place Jacques-Cartier ❸** fest in der Hand der Flaneure und Verliebten. Die Nordseite des Platzes dominieren die 1809 für den britischen Seehelden errichtete *Colonne Nelson* und das *Hôtel de Ville* ❹, ein prächtiges Beispiel des viktorianischen Second-Empire-Stils. 1967 rief Charles de Gaulle vom Balkon sein berühmt-berüchtigtes „Vive le Québec libre" in die Menge – und mußte danach prompt seinen Staatsbesuch in Kanada verkürzen, weil er damit Ottawas Bundespolitiker derb brüskiert hatte.

Jenseits der Rue de la Commune mündet die Place Jacques-Cartier in den **Vieux-Port,** wo hübsche Grünanlagen die Kais begleiten. Der alte Hafen ist heute weitgehend stillgelegt und seine zweieinhalb Kilometer lange Promenade im Sommer ein Laufsteg der Jungen und Schönen. Silbern glänzt die Kuppel der alten Markthalle **Marché Bonsecours ❺** herüber, zum Zeitpunkt ihrer Eröffnung 1847 das größte neoklassizistische Gebäude Nordamerikas. Ein paar Meter weiter steht die 1771 geweihte **＊Chapelle de Notre-Dame-de-Bonsecours ❻**, auch „Kirche der Seefahrer" genannt. Die weit geöffneten Arme der großen Marienstatue auf dem Dach gelten von jeher den Schiffen aus Europa, die allerdings seit der Eröffnung des St. Lawrence Seaway 1959 ungerührt weiterfahren, um im Hafen von Thunder Bay im Westen Ontarios vor Anker zu gehen. Die soliden Feldsteinhäuser an der Rue Bonsecours, vor allem die **Maison du Calvet ❼**, sind Zeugen der typisch französischen Kolonialarchitektur. Das Haus Nr. 440 gehörte Louis-Joseph Papineau, einem der Führer der Rebellion der Patrioten von 1837 (s. S. 16).

Die Wiege Vieux-Montréals steht am entgegengesetzten Ende der Altstadt. Im postmodernen **＊Musée d'archéologie de Pointe-à-Callière ❽** geht es abwärts: Unter der heutigen Place Royale kann man die Reste der ersten Siedlung Ville-Marie und des ersten Friedhofs besichtigen (Di–So 10–17, Mi bis 20 Uhr). Mit neueren Kapiteln der Stadtgeschichte beschäftigt sich das interaktive **Centre d'histoire ❾** an der Place d'Youville (Di–So 10–17 Uhr). Ein Obelisk in der Mitte des Platzes trägt die Namen der ersten, mit Maisonneuve gekommenen Siedler.

Wer gerne radelt, kann sich beim *Cinéma IMAX ❿* ein Fahrrad ausleihen und auf schönen Radwegen am alten Lachine-Kanal entlang bis zu den Stromschnellen strampeln oder eine Tour auf die kleinen Inseln im St. Lorenz unternehmen. Erste Station auf dem Weg in den **＊＊Parc des Iles** wären die übereinandergetürmten, **Habitat'67 ⓫** genannten Wohnschachteln, mit denen Stararchitekt Moshe Safdie neue Wohnideen der 60er Jahre verwirklichte. Auf dem Pont de la Concorde geht es dann hinüber auf die **Ile Sainte-Hélène** mit ihren hübschen Parkanlagen. Von hier aus zeigt die Skyline Montréals ihre fotogenste Seite. Vor Ort sehenswert sind das in einem Munitionsdepot eingerichtete **Musée Stewart ⓬**, in dessen Innenhof kostümierte Studenten mit Gebrüll und Pulverqualm Soldatenleben des 18. Jhs. inszenieren (Di bis So 10–17 Uhr), und **La Biosphère ⓭**, deren anläßlich der Expo '67 errichtete Kugel ein Informationszentrum zum Ökosystem des St. Lorenz beherbergt (Di–So 10–20 Uhr).

Auf der idyllischen **Ile Notre-Dame** verspricht ein hübscher Badesee Kühlung. Besuchermagnet ist jedoch das neue **Casino de Montréal ⓮**. Während man die Jetons plaziert, passieren Ozeandampfer auf dem St. Lawrence Seaway in Augenhöhe die Roulettetische.

Weg 2

＊＊Centre-Ville – Kunst, Kommerz und Wolkenkratzer

Die Montréaler nennen die Innenstadt zwar Centre-Ville, aber einen Stadtmittelpunkt gibt es nicht. Vielmehr konzentrieren sich die Sehenswürdigkeiten entlang dreier Ost-West-Achsen: Rue Sainte-Cathérine, Rue Sherbrooke und Boulevard René-Lévesque.

Einer Stadtmitte am nächsten kommt der **Square Dorchester** ⓯, was sich auch darin zeigt, daß sich hier das Centre Infotouriste befindet, Anlaufstation der Touristen. Imposante Gebäude gruppieren sich um das von Eichhörnchen und fußmüden Besuchern bevölkerte Grün. Der Berg aus Granit links – 50 000 Tonnen wurden von dem Material verbaut – ist das 1918 eingeweihte Versicherungsgebäude **Edifice Sun Life,** seinerzeit ein Symbol des anglophonen Establishments. Weithin sichtbar ist auch sein geistlicher Gegenpol, die 1894 fertiggestellte **Cathédrale Marie-Reine-du-Monde,** eine verkleinerte Version der Peterskirche, mit der die katholische Kirche in dem damals protestantischen Bezirk Flagge zeigte.

Seite 37

Erinnert an die Expo: La Biosphère auf der Ile Sainte-Hélène

Gleichsam als Symbol für die Aufbruchsstimmung in den 60ern entstand der Wolkenkratzer-Komplex *** Place Ville-Marie** ⓰. Der Stararchitekt I. M. Pei hat hier auf einem kreuzförmigen Grundriß das größte Bürogebäude der Welt geschaffen. Zugleich wurde an dieser Stelle mit dem Bau einer unterirdischen Stadt begonnen, der *** Ville souterraine.** Heute ist die gesamte Downtown unterkellert: Ein Netz aus über 30 km Tunnel, Passagen und Plätzen mit 1700 Geschäften erlaubt es den Montréalern, auch im bitterkalten Winter im T-Shirt einkaufen zu gehen. Denn neben dem Essengehen ist Einkaufen eine weitere Lieblingsbeschäftigung der Montréaler. Sie haben sogar ein eigenes Wort dafür kreiert: „magasiner". Das beste Betätigungsfeld dafür ist die *** Rue Sainte-Cathérine.** Eaton, Ogilvy,

Ein Hauch von Paris: an der Place Jacques-Cartier

Marché Bonsecours, die alte Markthalle der Stadt

Simpson und La Baie, dazu die neuen, mit der unterirdischen Stadt verbundenen Konsumpaläste Place Montréal Trust, Cours Montréal und Les Promenades de la Cathédrale – alle großen Kaufhäuser Kanadas und viele Einzelgeschäfte sind hier vertreten. Wer nicht völlig von den Schaufenstern gebannt wird, erfreut sich an der anglikanischen *Cathédrale Christ Church ⓱, die sich in der gewaltigen Glasfassade der gotisch inspirierten Maison des Coopérants spiegelt, oder an der begrünten Avenue McGill College, die zwischen dem postmodernen Edifice Place Montréal Trust und den dunkelblau schimmernden Zwillingstürmen der Banque Laurentienne auf das Tor der Université McGill zuläuft.

Kunst konzentriert sich im westlichen Abschnitt der Rue Sainte-Cathérine. Das *Musée d'art contemporain ⓲ ist das einzige Museum Kanadas für zeitgenössische Kunst (Pellan, Riopelle, Molinar u. a.; ○ Di–So 11–18, Mi bis 21 Uhr) und zudem Teil der aus zwei Theatern und einem riesigen Konzertsaal bestehenden *Place des Arts. Hier sind die weltberühmten Montréaler Symphoniker zu Hause.

Im Gegensatz zur quirligen Rue Sainte-Cathérine gibt sich die *Rue Sherbrooke vornehm reserviert. Das traditionsreiche Hôtel Ritz–Carlton ⓳, in dem auch Elizabeth Taylor und Richard Burton abstiegen, als sie sich noch etwas zu sagen hatten, und die alten Gebäude der Université McGill ⓴ erinnern an die Zeiten, als die Straße noch durch die sog. golden square mile der anglophonen Banker und Unternehmer führte. Deren Mehrzahl sitzt heute in Toronto, aber Nobelhotels und feine Haute-Couture-Boutiquen sorgen nach wie vor für mondänes Flair. An seinen dorischen Säulen ist in Sichtweite des Ritz Kanadas ältestes Museum zu erkennen. Das **Musée des beaux–arts ㉑ gehört mit der von Moshe Safdie entworfenen Erweiterung gegenüber zum feinsten, was Kanada an Kunst zu bie-

Seite 37

⓫ Habitat '67
⓬ Musée Stewart
⓭ La Biosphère
⓮ Casino de Montréal
⓯ Square Dorchester
⓰ Place Ville-Marie

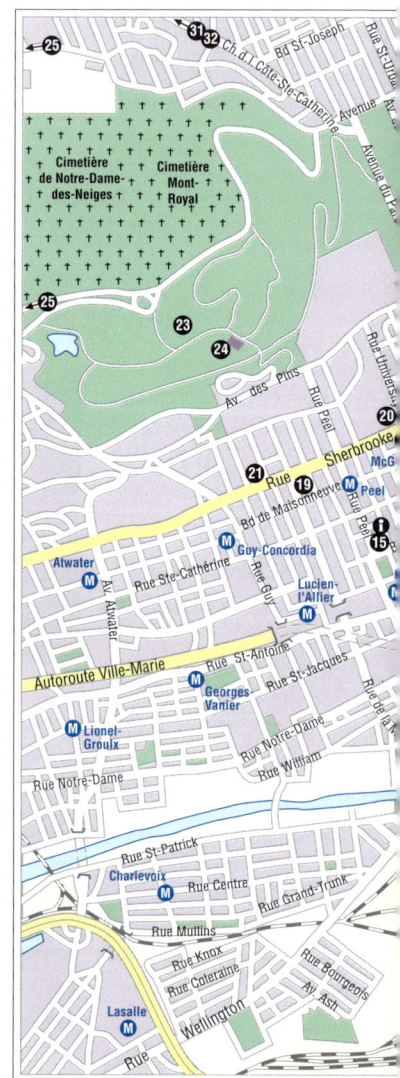

MONTREAL

⑰ Cathédrale Christ Church
⑱ Musée d'art contempor.
⑲ Hôtel Ritz-Carlton
⑳ Université McGill
㉑ Musée des beaux-arts

㉒ Musée McCord d'histoire canadienne
㉓ Parc du Mont Royal
㉔ Chalet du Mont Royal
㉕ Oratoire St-Joseph
㉖ Quartier Chinois

㉗ Musée Juste pour Rire
㉘ Quartier Juif
㉙ Rue Prince-Arthur
㉚ Quartier Portugais
㉛ Outremont
㉜ Petite Italie

Seite 37

MONTREAL

0   1km

ten hat. Der Bogen spannt sich von Werken der Group of Seven über die Montréaler Automatistes, Clarence Gagnon und Paul-Emile Borduas bis zu Jean-Paul Riopelle (◷ Di–So 11–18, Mi bis 21 Uhr). Im Gegenstück der Kunsthallen, dem **＊Musée McCord d'histoire canadienne ㉒**, sind Sammlungen zur Urbevölkerung Kanadas zu bestaunen, unter denen der Norden dominiert (◷ Di–So 10–17, Mi bis 21 Uhr).

Kuppel zu sehen. Sie gehört dem gewaltigen **Oratoire St-Joseph ㉕**, das 1966 nach über 40jähriger Bauzeit fertig wurde. Von dem als Wunderheiler geltenden Bruder André begonnen, ist das 112 m hohe und 104 m lange Gotteshaus heute Wallfahrtsziel von mehr als zwei Millionen Menschen jährlich. Auch viele Touristen nehmen die knapp 300 Stufen zur Basilika in Kauf – der herrlichen Aussicht wegen.

Weg 3

Hoch hinaus

Montréals moderne Skyline strahlt Dynamik und würdevolle Gelassenheit zugleich aus. Letzteres verdankt die Stadt dem **＊＊Mont Royal,** der wie ein Ruhepol aus dem Häusermeer ragt. „La montagne", wie der nur 250 m hohe Berg von den Einwohnern genannt wird, blieb von Baulöwen weitgehend verschont und ist die grüne Lunge der Metropole. Busse der Linie 11 fahren von der Métrostation Mont-Royal aus hinauf. Auf dem westlichsten seiner drei Gipfel stehen die schönsten Häuser von **＊Westmount,** der Enklave der anglophonen Oberschicht. Der mittlere wird von zwei prachtvollen Prominenten-Friedhöfen eingenommen: Auf dem protestantischen **Mount Royal Cemetery** ruht u. a. Anna Harriette Leonowens, die Erzieherin des Königs von Siam, auf dem katholischen **Cimetière Notre-Dame-des-Neiges** liegen zwei Gründerväter Kanadas, Sir Georges-Etienne Cartier und Thomas D'Arcy McGee. Den dritten Gipfel bedeckt der **＊Parc du Mont Royal ㉓**. Sommers wie winters kommen die Montréaler zum Joggen und Flanieren hierher, in der warmen Jahreszeit haben viele den Picknickkorb dabei, in der kalten die Schlittschuhe. Von der Terrasse des **＊Chalet du Mont Royal ㉔** genießt man den schönsten Blick auf Montréal, die Brücken über den St.-Lorenz-Strom und die Inselberge der Montérégie.

Während der Fahrt hinauf ist von der Nordflanke aus auch eine imposante

Weg 4

Verlebt und liebenswürdig

Manche verbummeln auf dem **＊Boulevard Saint-Laurent** einen ganzen Tag. Sie bleiben in jüdischen Bagel-Bäckereien hängen, schlendern durch chinesische, griechische und lateinamerikanische Geschäfte, kaufen exotische Dinge wie Zitronengras und Kokosmilchpaste. Der lange Boulevard ist die Straße der Immigranten und noch immer ein Hort des Multikulturalismus. Schlaglöcher und den bröckelnden Putz seiner altersschwachen Häuser sieht man ihm gern nach. Die älteren Montréaler kennen ihn noch als „The Main" und als „The Great Divide", als die – inzwischen verwischte – Trennlinie zwischen den Frankos im Osten und den Anglos im Westen.

Den Bummel beginnt man am besten in Höhe der Rue de la Gauchetière. Chinesische Bahnarbeiter haben hier vor 100 Jahren das **Quartier Chinois ㉖** begründet. Kurz vor der Rue Sherbrooke wird es höchst lustig: Im **＊Musée Juste pour Rire ㉗** verfolgen Videoclips und fröhlicher, interaktiver Schnickschnack den Weg des Humors durch die Geschichte (◷ tgl. 13–20 Uhr). Nördlich der Rue Sherbrooke beginnt das alte **Quartier Juif ㉘**. An die aus Osteuropa stammenden Juden, deren Nachkommen heute weiter nördlich leben, erinnern das Restaurant Schwartz' Delikatessen, die Charcuterie Hebraique gleich daneben und der basarähnliche Warshaw's Supermarket. Die Fußgängerzone **Rue Prince-Arthur ㉙** mit ihren Straßencafés und Restaurants verwandelt sich nach Sonnenuntergang in einen quirligen Laufsteg für Flaneure und Voyeure. Kurz vor der Avenue du Mont Royal verzögert das **Quartier Portugais** ㉚, ein hübscher Abschnitt mit Spezialitätenrestaurants und vollgestopften Trödelläden, das rechte Fortkommen, und auch im nahtlos anschließenden **Quartier Grec** verlangsamt sich der Schritt immer wieder. Der Abschnitt um die Avenue Saint-Viateur und Rue Laurier atmet wieder Schtetl-Atmosphäre: Chassidische Juden eilen den Synagogen zu, Bagel-Bäckereien verströmen einen unwiderstehlichen Duft. Wer der Rue Laurier in Richtung Mont Royal folgt, erreicht schnell den vornehmen Bezirk **＊OUTREMONT** ㉛, das frankophone Gegenstück zu Westmount. Hat man seinen hübschen Cafés und Bistros erfolgreich widerstanden, so weisen Poster von Fußballmannschaften in den Schaufenstern und Fachgeschäfte für Espresso-Maschinen darauf hin, daß man **Petite Italie** ㉜ erreicht hat. Bei einer Tasse Capuccino oder, der Tageszeit entsprechend, einer knusprigen Pizza läßt sich der Tag auf der „Grande Dame" unter Montréals Straßen stilgerecht beschließen.

Vergnügliches Bummeln: in der Avenue McGill College

Oratoire St-Joseph, Wallfahrtsziel von Millionen

Kampf dem Schnee!

Montréal ist absolut schneesicher: 215 cm der weißen Pracht, davon manchmal 40 cm in einer einzigen Nacht, und durchschnittlich 13 Schneestürme werden pro Winter registriert. Selbst der wüsteste Blizzard läßt die Stadt jedoch kalt. Innerhalb von sechs bis acht Stunden sind 2000 km Straßen und 3250 km Bürgersteige wieder voll funktionstüchtig. Erreicht wird dies mit einem logistischen Meisterwerk, an dem 2220 Spezialfahrzeuge und eine 3000 Mann starke Einsatztruppe beteiligt sind. 100 Streufahrzeuge für die Straßen und 123 kleinere für die Bürgersteige streuen pro Winter 65 000 t Salz und 2500 t Sand. 675 Schneepflüge schieben den Schnee beiseite, 1325 Schneeschlucker und Lastwagen verladen ihn, um ihn in den St.-Lorenz-Strom zu kippen. Insgesamt werden pro Winter über 7 Mio. m³ Schnee abtransportiert. Daraus könnte man einen gigantischen, 80 Stockwerke hohen weißen Berg in die Landschaft stellen!

Seite 37

Weg 5

** Parc Olympique und * Jardin botanique

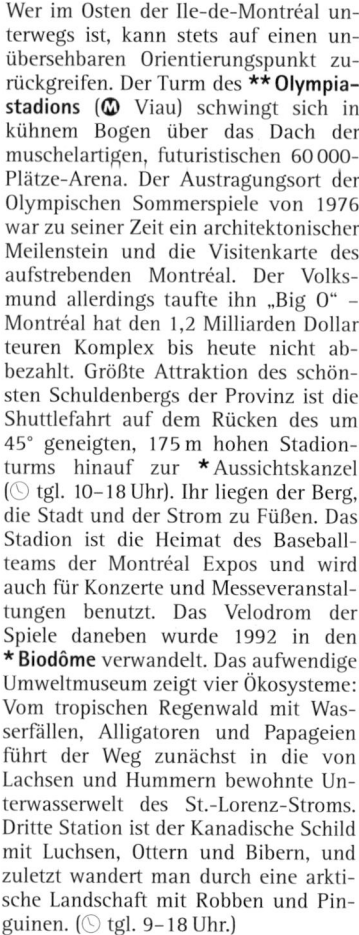

Wer im Osten der Ile-de-Montréal unterwegs ist, kann stets auf einen unübersehbaren Orientierungspunkt zurückgreifen. Der Turm des ** Olympiastadions (Ⓜ Viau) schwingt sich in kühnem Bogen über das Dach der muschelartigen, futuristischen 60 000-Plätze-Arena. Der Austragungsort der Olympischen Sommerspiele von 1976 war zu seiner Zeit ein architektonischer Meilenstein und die Visitenkarte des aufstrebenden Montréal. Der Volksmund allerdings taufte ihn „Big O" – Montréal hat den 1,2 Milliarden Dollar teuren Komplex bis heute nicht abbezahlt. Größte Attraktion des schönsten Schuldenbergs der Provinz ist die Shuttlefahrt auf dem Rücken des um 45° geneigten, 175 m hohen Stadionturms hinauf zur * Aussichtskanzel (◷ tgl. 10–18 Uhr). Ihr liegen der Berg, die Stadt und der Strom zu Füßen. Das Stadion ist die Heimat des Baseballteams der Montréal Expos und wird auch für Konzerte und Messeveranstaltungen benutzt. Das Velodrom der Spiele daneben wurde 1992 in den * Biodôme verwandelt. Das aufwendige Umweltmuseum zeigt vier Ökosysteme: Vom tropischen Regenwald mit Wasserfällen, Alligatoren und Papageien führt der Weg zunächst in die von Lachsen und Hummern bewohnte Unterwasserwelt des St.-Lorenz-Stroms. Dritte Station ist der Kanadische Schild mit Luchsen, Ottern und Bibern, und zuletzt wandert man durch eine arktische Landschaft mit Robben und Pinguinen. (◷ tgl. 9–18 Uhr.)

Jenseits der Rue Sherbrooke breitet sich auf 75 ha Land einer der größten Botanischen Gärten der Welt aus: der * Jardin botanique mit zehn riesigen Gewächshäusern und 30 Themengärten. In ganz Nordamerika berühmt ist der Chinesische Garten mit seinen künstlichen Bergen, Pagoden und Goldfischteichen. (◷ tgl. 9–18 Uhr.)

Praktische Hinweise

❶ Centre Infotouriste, 1001, rue du Square-Dorchester, Ⓜ Peel. Telefonische und schriftliche Anfragen an: Centre Infotouriste – Tourisme Québec, C. P. 979, Montréal (Qué), H3C 2W3, ☏ (514) 873-2015 und 1-800-363-7777, 🖷 864-3838.

✈ Auf dem Mirabel Airport (55 km nördlich) landen die Charterflüge aus Übersee. Der Dorval Airport (22 km westlich) wickelt Linienflüge aus Übersee sowie den gesamten Flugverkehr in die USA ab. Flugplanauskünfte von beiden Flughäfen unter ☏ 1-800-465-1213. Shuttleservice in die Downtown.

🚆 Gare centrale (VIA-Rail), 895, rue de la Gauchetière Ouest (Place Ville-Marie), ☏ (514) 871-1331 und 1-800-361-5390. Ⓜ Bonaventure.

🚌 Orléans Express, Terminus Voyageur, 505, bd. de Maisonneuve Est, ☏ (514) 842-2281. Ⓜ Berri-UQAM.

Öffentlicher Nahverkehr: Mit der „Carte Touristique" der Société de transport de la Communauté urbaine de Montréal (STCUM) kann man alle Bus- und Métrolinien auf der Ile-de-Montréal benutzen. Sie wird wahlweise für ein oder drei Tage ausgestellt und ist im Centre Infotouriste (s. o.) für 5 bzw. 12 $ erhältlich.

Stadtrundfahrt: In alten Trolley-Bussen bequem die Sehenswürdigkeiten abfahren, dabei ein- und aussteigen, wann es beliebt: Die Murray-Hill-Trolley-Busse verkehren stündlich ab dem Centre Infotouriste (s. o.).

🏠 Hotels

Hôtel Le Reine Elizabeth, 900, bd. René-Lévesque Ouest, ☏ (514) 861-3511 und 1-800-441-1414, 🖷 954-2256. Modernes, luxuriöses Nobelhotel der Traditionskette Canadian Pacific, das keine Wünsche unerfüllt und kein Konto unbelastet läßt. ⑤

Holiday Inn Montréal Centre–Ville,
99, av. Viger Ouest, ☎ (514) 878-9888
und 1-800-HOLIDAY, 🖷 878-6341.
Modernes Hotel im Quartier Chinois,
mit fernöstlichen Wasserspielen in der
Lobby und chinesischem Restaurant
auf dem Dach. Ⓢ–ⓈⓈ

Hôtel de l'Institut, 3535, rue Saint-
Denis, ☎ (514) 282-5120 und
1-800-361-5111, 🖷 873-9893. Hotel
der Hotelfachschule ITHQ im Quartier
Latin. Hochmotivierter Service ist
garantiert: Das Personal verdient sich
hier seine Schulnoten. Ⓢ–ⓈⓈ

Les Passants du Sans Soucy, 171,
rue St-Paul Ouest, ☎ (514) 842-2634,
🖷 842-2912. Schönstes B&B Montréals: schlafen in einem geschmackvoll eingerichteten Gemäuer
aus dem frühen 18. Jh. Ⓢ

**Bed & Breakfast Downtown
Network,** 3458, rue Laval,
☎ (514) 289-9749 und
1-800-267-5180, 🖷 287-
7386. Profiliertes B&B-Netz-
werk in der Downtown und
entlang der Rue Saint-Denis.

Ⓡ **Restaurants & Cafés**

Gourmets sind sich seit
langem einig: Montréal ist
der kulinarische Nabel
Kanadas. Gute und erstklas-
sige Restaurants konzentrieren sich
vor allem in Vieux-Montréal, den
Straßen Crescent und Denis sowie auf
dem Boulevard Saint-Laurent.

Toqué!, 3842, rue Saint-Denis,
☎ (514) 499-2084. Nouvelle cuisine
mit kalifornischem Touch.
Erstklassig! ⓈⓈ

Moishe's, 3961, bd. Saint-Laurent,
☎ (514) 845-3509. Seit über 30 Jahren Montréals Steakhaus Nr. 1. ⓈⓈ

Chez Queux, 158, rue St-Paul E.,
☎ (514) 866-5194. Französische haute
cuisine in altem Gemäuer und bei
sanften Pianoklängen. Ⓢ–ⓈⓈ

L'Express, 3927, rue Saint-Denis,
☎ (514) 845-5333. Bestes Bistro-
Restaurant der Stadt, Treffpunkt von
Künstlern und Journalisten. Ⓢ

Seite 37

*Im chinesischen Teil des
Jardin botanique*

*Das Olympiastadion entstand
für die Sommerspiele 1976*

*Essen unter Palmen in einer von
Montréals Einkaufszentren*

Beauty's, 93, rue Mont-Royal Ouest, ☎ (514) 849-8883. Einsame Spitze für alle, die gerne ausgedehnt brunchen. ⑤–⑤
La Paryse, 302, rue Ontario Est, ☎ (514) 842-2040. Wer hier einmal Hamburger gegessen hat, kehrt nie wieder bei McDonalds ein. ⑤
Electronic Café, 85, rue Saint-Paul Ouest, ☎ (514) 849-1612. Kaffeetrinken und im Internet surfen. ⑤

Shopping: In den Konsumtempeln an der **Rue Sainte-Cathérine** oder in einem der 1600 Geschäfte der **✱Ville souterraine** findet man alles, was das Herz begehrt, vor allem Haute Couture, Kunsthandwerk, Schmuck und Accessoires. Günstiger als in Deutschland sind Textilien, Elektrogeräte, Computer und Zubehör sowie CDs. Schlußverkauf ist das ganze Jahr hindurch: Um Kunden wird aggressiver geworben, als man dies von zu Hause gewohnt ist. Auch den Augen wird einiges geboten. Besonders schöne Shopping-Architektur besitzen das **Eaton Centre** (705, rue Ste-Cathérine Ouest) sowie die lichtdurchfluteten Einkaufszentren **Place Montréal Trust** (Ecke Ste-Cathérine/McGill College) und **Les Promenades de la Cathédrale** (625, rue Ste-Cathérine Ouest). 30 m hohe Atrien, plätschernde Springbrunnen, diskret angebrachte Geldautomaten und hübsche Cafés – hier erleichtert man das eigene Girokonto auf höchst angenehme Weise. Garantiert keine Massenware kauft man in den kleinen Boutiquen am **Boulevard Saint-Laurent** zwischen Rue Sherbrooke und Rue Prince-Arthur und den schicken Geschäften an der **Rue St-Denis** zwischen Rue Sherbrooke und Rue Mont-Royal.

Unterhaltung: Montréals Kulturszene ist nicht nur in großen Häusern, sondern auch auf Kleinkunstbühnen und in zahlreichen verräucherten Klubs zu Hause. Im übrigen würden die Québécois nicht „Latinos des Nordens" genannt, gäbe es nicht auch zahllose Musikkneipen und Diskotheken.

Was gerade wo läuft, steht in den Tageszeitungen sowie in den Stadtblättern „Voir" und „Mirror". Der kulturelle Nabel Montréals ist das Kulturzentrum **Place des Arts** (Ecke Rue Ste-Cathérine/Jeanne-Mance). Die Montréaler Symphoniker, Les Grands Ballets Canadiens und die Opéra de Montréal haben hier ihre Heimatbühne. Infos und Tickets für alle kulturellen Veranstaltungen gibt es bei *Voyage Astral,* ☎ (514) 866-1001. Eintrittskarten für die Spiele der *Montréal Canadiens* (Eishockey) und der *Montréal Expos* (Baseball) sind ebenfalls hier erhältlich. Die neuesten Produktionen frankophoner Dramaturgen werden im **Theâtre du Nouveau Monde** (84, rue Sainte-Cathérine) geboten. Im **Saidye Bronfman Centre** (5170, chemin de la Côte Sainte-Cathérine) wird englischsprachiges und jiddisches Theater inszeniert.

Musikkneipen, Bars und Diskotheken konzentrieren sich an der Rue Crescent, an der Kneipenmeile Rue Saint-Denis südlich der Rue Sherbrooke und auf dem Boulevard Saint-Laurent. Jazzfreunde kommen im **Biddle's** (2060, rue Aylmer, ☎ 842-8656) und im **L'Air du Temps** (191, rue St-Paul O., ☎ 842-2003) auf ihre Kosten. **Les deux Pierrots** (104, rue Saint-Paul, ☎ 861-1270) in Vieux-Montréal ist eine „boîte à chanson", eine traditionelle Bierkneipe, in der Nachwuchskünstler allabendlich dem mitsingenden Publikum einheizen.

Spannung und Romantik läßt sich auf dem **St. Lorenz** verbinden. Wo Cartier 1535 mit seinem Schiff kapitulieren mußte, tummeln sich heute ölzuegeverpackte Touristen: Der Ritt mit dem Jet-Boot von **Saute Moutons** (Quai de l'Horloge, Vieux-Port, ☎ 284-9607) über die Stromschnellen von Lachine ist ein feuchtes Vergnügen. **Le Bateau-Mouche** (Quai Jacques-Cartier, ☎ 849-9952) lädt zum Candlelight Dinner auf den Strom, mit der nächtlichen Skyline Montréals als Kulisse – etwas für zwei also.

Seite 37

***Québec

Die Hauptstadt von Französisch-Nordamerika

Charles Dickens, der die Stadt im 19. Jh. besuchte, war überwältigt: „Der Eindruck, den dieses Gibraltar des Nordens auf den Besucher macht – die schwindelnden Höhen, die Zitadelle, die in der Luft zu schweben scheint, die malerischen Straßen und die großartige Aussicht, die sich dem Auge immer wieder bietet – all dies ist einzigartig und unvergeßlich."

Dem bleibt nur wenig hinzuzufügen: Québec besitzt die einzige Stadtmauer Amerikas nördlich von Mexiko; Die Altstadt wurde 1985 von der UNESCO zum Weltkulturerbe erklärt. Mittelalterlich wirkende Gassen, Pferdedroschken und gedrungene Feldsteinhäuser, die auch in der Bretagne stehen könnten – all das läßt vergessen, daß um die Wiege der französischen Kultur in Amerika auch stets leidenschaftlich gestritten wurde, einst mit Waffen, heute mit politischen Parolen, die die Zukunft eines von Kanada unabhängigen Québec – je nach Standort – in den leuchtendsten oder düstersten Farben malen.

Samuel de Champlain, der Gründer von Québec

In der Unterstadt haben sich viele alte Häuser erhalten

Geschichte

Québec bedeutet in der Sprache der Algonquin-Indianer „wo der Fluß enger wird". An dieser Stelle errichtete der Kartograph und Seefahrer Samuel de Champlain 1608 die Habitation de Québec, die erste weiße Siedlung Kanadas. Das kleine Fort, das sich bald zu einer Stadt entwickelte, war der Schlüssel zum Kontinent. Von hier aus ließ sich das unermeßliche

Shopping time: das Einkaufszentrum Place Montréal Trust

Seite 49

Hinterland mit seinen Schätzen – erst Pelze, dann Holz – kontrollieren, hier nahm die Erschließung Kanadas ihren Anfang. Zu Beginn des 18. Jhs. reichte der Einfluß Neufrankreichs vom Atlantik bis zu den Rocky Mountains, von der Hudson Bay bis hinab zum Golf von Mexiko. Die Fäden liefen in den Händen eines mächtigen Triumvirates zusammen: Gouverneur und Intendant waren vom französischen König eingesetzt, der Bischof vertrat die katholische Kirche. Hoch über dem St. Lorenz errichtete das Dreigestirn prächtige Residenzen und Kirchen, während sich das gemeine Volk devot zu Füßen des Felsens niederließ.

Seite 49

Québec wurde rasch zum Objekt britischer Begierde. Mehrere Angriffe schlug die wehrhafte Hauptstadt der Kolonie zurück. 1759 jedoch wendete sich das Blatt. Nach dreimonatiger Belagerung führte der englische General Wolfe seine Soldaten in der Nacht auf die oberhalb des St. Lorenz liegenden Abraham-Felder unmittelbar vor der Stadt. Mit diesem Schachzug zwang Wolfe die Verteidiger unter General Montcalm zur offenen Feldschlacht. Ein zehnminütiger Schußwechsel, und alles war vorbei. Frankreich mußte sich aus Nordamerika zurückziehen, die Kolonie fiel an England.

Unter den Briten blühte der Schiffsbau, Québec entwickelte sich zum Umschlagplatz für Holz aus dem Innern des Kontinents. Nach einem amerikanischen Angriff 1775 wurde die Stadt mit der heute noch zu sehenden Mauer und der Zitadelle befestigt, aber eine Feuerprobe blieb ihr erspart. Seit 1840 ist Québec Hauptstadt der Provinz. Heute leben die 650 000 Einwohner von all der Arbeit, die Regieren und Verwalten mit sich bringt, – und vom Bewirten der vielen Gäste aus aller Welt.

Sehenswürdigkeiten

Die Sehenswürdigkeiten von **Vieux-Québec konzentrieren sich auf wenig mehr als einem Quadratkilometer. Doch wer glaubt, alles an einem Nachmittag abhaken zu können, der irrt. Es gibt viel zu sehen, und zudem verlangsamt die vorindustrielle Atmosphäre automatisch den Schritt. Will man die Ober- und die Unterstadt, die Befestigungsanlagen und das historische Schlachtfeld auf den Plains d'Abraham besichtigen, sollte man mindestens einen vollen Tag einplanen.

Seit das Château Frontenac in der Oberstadt die Skyline von Québec dominiert, beginnen die meisten Besucher ihren Rundgang hier. Sie sollten allerdings ihr Auto vor den Stadttoren zurücklassen, denn Parkplätze innerhalb der Mauern sind rar. Angenehmer ist es, die Altstadt auf dem Boulevard Champlain zu umfahren und den Wagen nahe der Unterstadt auf einem der Parkplätze an der Pier abzustellen.

Weg 1

La Basse-Ville

Wenn die Unterstadt zwar historisch, aber für europäische Augen nicht sonderlich alt aussieht, hat das einen Grund: Québecs Altstadt wurde in den 70er Jahren nach Jahrzehnten des Verfalls gründlich überholt. Bleiglasfenster, dunkle Toreinfahrten, reich verzierte Türen, schmiedeeiserne Zäune, alte Straßenlaternen und rauhe Steinwände, in denen mitunter noch die von der Belagerung 1759 stammenden Kanonenkugeln stecken – harmonisch fügt sich ein Detail in das andere. Die Wiege Neufrankreichs stand auf der ★ Place Royale ❶. Hier zimmerten Champlains Männer 1608 die Habitation du Québec zusammen. Später wich das hölzerne Fort einem Markt, an dem bis gegen 1850 Kaufleute in nüchternen Handelshäusern wohnten. Schauspieler und Musikanten spielen heute Szenen aus der Geschichte Neufrankreichs nach, vorzugsweise auf den Stufen der ★ Eglise Notre-Dame-des-Victoires von 1688. Der Name der Kirche soll an die beiden Siege über die Briten erinnern. Das in Weiß und Gold gehaltene Innere wird von einem Altar in Form einer Burg beherrscht. Von der Decke hängt ein Modell der „Brézé" herab. Das Schiff brachte 1665 das zur Verteidigung der Stadt gegen die Irokesen angeforderte Regiment Carignan. Wer mehr über Neufrankreich erfahren will, hat in der Rue Dalhousie drei Gelegenheiten. **Explore – Sound and Light** (Nr. 63) bietet Historie als Multimedia-Spektakel (⊙ Ende Juni bis Anf. Sept. 13–16.30, sonst 11–15 Uhr), während das Kulturzentrum **Vieux–Port** (Nr. 84) über den alten Hafen informiert. Das moderne ***Musée de la civilisation** (Nr. 85) bietet außer Stadtgeschichte wechselnde thematische Schwerpunkte (⊙ Di–So 10–17 Uhr).

Seite 49

An der Place Royale erinnern Mauern an unruhige Zeiten

Für viele das schönste Stück Vieux-Québec ist das ***Quartier Petit-Champlain ❷**. In der romantischen **Rue Petit-Champlain** werden Kunsthandwerk und Schmuck einheimischer Designer verkauft. Von hier aus gibt es zwei Möglichkeiten, um in die Oberstadt zu gelangen: zu Fuß auf der **Escalier Casse-Cou,** der „Genickbruch-Treppe", der man sich trotz ihres Namens anvertrauen kann, oder aber mit

Blick auf den St. Lorenz

Seine Majestät, der Strom

Die Indianer nannten ihn „der Weg, der geht", für die Québécois ist er einfach „le fleuve": der St. Lorenz, Lebensader der Provinz. In Québec vermittelt er einen vagen Eindruck von seiner wahren Größe. Vor der Ile d'Orléans gabelt er sich zwar, aber bereits an der Ostspitze der Insel geht er mit 18 Kilometern dramatisch in die Breite. Auch die Terminologie ändert sich. Ab Tadoussac werden seine Ufer als côtes, als Küsten bezeichnet, deren Gegenüber mit bloßem Auge schon nicht mehr zu erkennen ist. Bis kurz vor Québec, fast 1300 km vom Atlantik entfernt, ist sein Wasser salzig, und im Hafen der Stadt beträgt der Gezeitenunterschied noch mehrere Meter. Bis zur Fertigstellung des Chemin du Roy (1735), des berühmten Königswegs zwischen Québec und Montréal, war der St. Lorenz die einzige Verbindung zwischen den beiden Städten. Unter den Briten legten im Hafen rund 1200 Schiffe pro Saison an, die Millionen von Einwanderern nach Kanada brachten. Nach der Fertigstellung des St. Lawrence Seaway 1959, der den Strom auch für Ozeandampfer bis zu den Großen Seen passierbar machte, verlor Québec als Umschlagplatz vorübergehend an Bedeutung. Inzwischen wurde der Hafen modernisiert und wieder konkurrenzfähig gemacht. Mit der neuen Marina im Bassin Louise ist er auch für Hobbysegler eine interessante Adresse.

dem altehrwürdigen **＊Funiculaire**. Der Eingang zu dieser Mischung aus Fahrstuhl und Zahnradbahn befindet sich in der **Maison Louis-Jolliet,** dem Haus des Erforschers des Mississippi und Labradors.

Seite 49

Weg 2

La Haute-Ville

„Ich habe kein Blatt vor den Mund genommen und sie Vandalen genannt!" Lord Dufferin, ab 1872 Generalgouverneur von Kanada, war empört – zum Glück, muß man heute sagen. Bei seiner Ankunft in Québec mußte der kultivierte Ire erleben, wie die Festungsanlagen im Namen des Fortschritts geschleift wurden. Dufferin ließ die Abbrucharbeiten sofort stoppen, den Schaden beheben und andere, bereits verfallene Bausubstanz erneuern. An seine Lordschaft erinnert heute die **＊＊Terrasse Dufferin ❸**, eine nostalgische Promenade, von der man über die altersgrünen Kupferdächer der Unterstadt hinweg auf den St. Lorenz blickt. An dieser Stelle weniger als 1000 m breit, beult er sich kurz vor der Ile d'Orléans zu einem mehrere Kilometer breiten, von weißen Segeln bedeckten Becken aus. Samuel de Champlain hingegen ist an anderem interessiert: Von ihrem Sockel blickt die Statue des kühnen Seefahrers visionär landeinwärts.

Das **＊＊Château Frontenac ❹** gehört zu Québec wie der Eiffelturm zu Paris. 31 Jahre lang wurde an dem von den Schlössern der Loire inspirierten Hotel gebaut. Die Zinnen und Türmchen tragende Luxusherberge ist das ganze Jahr hindurch so gut wie ausgebucht. Churchill, Roosevelt, Nixon, Reagan und Hunderte andere Politiker und Prominente stiegen hier ab. Führungen durch das meistfotografierte Hotel der Welt können an der Rezeption gebucht werden. Durch ein burgartiges Tor betritt man anschließend die **Place d'Armes ❺**, wo Pferdedroschken im Schatten von Ulmen und Ahornbäumen auf Gäste warten. Das Monument de la Foi in ihrer Mitte erinnert an die Ankunft der ersten Recollet-Mönche im Jahre 1615. An der Rue du Fort wird im **＊Musée du fort ❻**, erkennbar an seinem blauen Dach, die Schicksalsschlacht von 1759 auf einem riesigen Landschaftsmodell mit Lichtgewitter und Kanonendonner aus dem Lautsprecher nachgespielt (🕐 tgl. 10 bis 17 Uhr, im Winter kürzer). Ihrem Ausgang verdankt die 1804 geweihte **Holy Trinity Anglican Cathedral ❼** ihre Existenz, eine britische Insel im Herzen Französisch-Amerikas. Der Sessel in der königlichen Loge wird noch immer für die Royals freigehalten.

Das französische Gegengewicht ist über die Rue du Trésor zu erreichen: Die **＊Basilique Notre-Dame-de-Québec ❽** trägt ein neoklassisches Gewand. In ihr fanden über 900 bedeutende Quebecer ihre letzte Ruhestätte, darunter Gouverneur de Frontenac und Francois de Laval (1623–1708), der erste Bischof Neufrankreichs. Als die 1647 erbaute Kirche 27 Jahre später zur Kathedrale befördert wurde, reichte Lavals Diözese bis nach Louisiana. Für die Priesterausbildung gründete Laval 1663 das **Séminaire de Québec ❾**, die älteste höhere Schule Kanadas und Keimzelle der Université de Laval, die 1950 in den Stadtteil Sainte-Foy umzog. Beeindruckender als das Musée de Séminaire ist jedoch das ehrfurchtgebietende, hinter der Basilika stehende Denkmal des mächtigen Kirchenmannes, ohne dessen Zustimmung nichts lief im damaligen Neufrankreich. Was sich heute hinter seinem Rücken tut, hätte ihn mit Schaudern erfüllt: Boheme statt Askese! In den krummen Straßen des hübschen **Quartier Latin** leben und lernen die Studenten nicht nur, sondern vergnügen sich auch in Bistros und Musikkneipen.

Zu den malerischen Straßen Québecs zählt die **＊Rue Sainte-Anne.** Viele ihrer zwei- und dreigeschossigen Häuser

Wahrhaft majestätisch:
das Château Frontenac

Seite
49

beherbergen Restaurants und Bars, die mit kunstvoll verzierten Schildern unaufdringlich um Gäste werben. Oder ist es noch zu früh, um einzukehren? Im Schatten des Château Frontenac erhebt sich das **Ancien Palais de Justice** ❿, ein imposantes Gebäude im Second-Empire-Stil mit den Wappen von Cartier und Champlain über dem Portal.

Die Hausnummer 34 der Rue Saint-Louis ist das älteste erhaltene Haus der Stadt: Die schneeweiß getünchte * **Maison Jacquet** ⓫ mit seinem knallroten, tief herabgezogenen Dach wurde um 1675 erbaut und bietet heute als Restaurant „Aux Anciens Canadiens" traditionelle Quebecer Küche. Das **Monastère des Ursulines** ⓬ unweit davon dient auch über 350 Jahre nach der Gründung durch Ursulinerinnen seinem ursprünglichen Zweck und ist mittlerweile als älteste Schule für junge Mädchen in Amerika in die Jahre gekommen. Hinter den dicken Mauern ihres Klosters verbargen die Nonnen im 17. Jh. die „filles du roi" (s. S. 15) vor aufdringlichen Männerblicken, bis sich verläßliche Heiratskandidaten für die Waisenmädchen aus Frankreich einstellten. Eine bewegte Zeit, die das *Musée des Ursulines* nachzeichnet (🕐 Di–So 9.30–12, 13.30–17 Uhr).

Ein paar hundert Meter weiter südwestlich verläßt man Vieux-Québec durch die zinnenbewehrte * **Porte Saint-Louis,** das schönste der vier Stadttore. Augen- oder Gaumenschmaus? In der * **Grande-Allée,** Québecs Champs-Elysées, stehen die Terrassen-Restaurants dicht an dicht. Es lohnt sich jedoch, dem Ruf von Hummer, Lamm und Lachs noch ein Weilchen zu widerstehen. Linker Hand erhebt sich die * **Citadelle** ⓭, eine sternförmig angelegte und noch heute vom 22nd Royal Regiment benutzte Festung. Erbaut wurde sie zwischen 1820 und 1832 aus Respekt vor den Amerikanern, aber seitdem ist im wahrsten Sinne des Wortes Gras über die alten Feindschaften gewachsen: Auf den grünen Matten der Wälle picknicken die Einheimischen

und genießen den * Postkartenblick auf das Château Frontenac und den weiten Himmel über dem St. Lorenz. Um zehn Uhr morgens setzt sich die Wache in Bewegung und läßt sich ablösen. Die Bärenfellmützen tragenden Soldaten ihrer Majestät empfangen ihre Befehle auf französisch – ein Unikum im Commonwealth! Auf der anderen Seite der Grande-Allée noch ein Blick auf das ** **Hôtel de Parlement** ⓮, das standesgemäß im Empire-Stil errichtete Parlamentsgebäude der Provinz mit Bronzestatuen berühmter Persönlichkeiten in Nischen rund um das Eingangsportal. Danach ist es endgültig Zeit für den kulinarischen Einkehrschwung: In den Restaurants, Bars und Nachtklubs der Grande-Allée wird ein prickelnder Cocktail aus cuisine française und Haute Couture gemixt.

Falls es danach noch zu einem Verdauungsspaziergang reicht, empfiehlt sich der ruhige **Parc de Champs-de-Bataille** ⓯. Die gepflegten Rasenflächen, kleinen Ulmenwäldchen und stillen Wege waren das Schicksalsfeld Neufrankreichs, die Plaines d'Abraham, aber das Schaudern vor der Geschichte hält sich nach über 200 Jahren doch in Grenzen.

Praktische Hinweise

❶ Für die Stadt: Office du tourisme et des congrès de la Communauté urbaine de Québec, 60, rue d'Auteuil, Québec (Qué), G1R 4C4, ☏ (418) 692-2471, 🖷 692-1481.

✈ Der Aéroport international Jean Lesage in Sainte-Foy empfängt europäische Chartermaschinen sowie Air-France-Linienflüge und ist Drehscheibe für den regionalen Flugverkehr. Flugplanauskünfte unter ☏ 1-800-361-8620. Shuttleservice in die Stadt.

🚃 Gare du Palais, 450, rue de la Gare-du-Palais, ☏ (418) 524-4161. Auskünfte und Reservierungen bei VIA Rail unter ☏ (418) 692-3940.

🚌 Intercar Côte-Nord für Trips entlang der Nordküste des St.-Lorenz-

❶ Place Royale
❷ Quartier Petit-Champlain
❸ Terrasse Dufferin
❹ Château Frontenac
❺ Place d'Armes
❻ Musée du fort
❼ Holy Trinity Anglican
   Cathedral
❽ Basilique Notre-Dame-
   de-Québec

❾ Séminaire de Québec
❿ Ancien Palais de Justice
⓫ Maison Jacquet
⓬ Monastère des Ursulines
⓭ Citadelle
⓮ Hôtel de Parlement
⓯ Parc de Champs-de-
   Bataille

Seite
49

VILLE DE QUEBEC

0   500 m

Stroms. Orléans Express für ganz Québec. Busbahnhof: 320, rue Abraham-Martin, ☎ (418) 525-3000.

Parken: Gebührenpflichtige Parkplätze gibt es am Place de l'Hôtel de Ville, hinter dem Château Frontenac, entlang der Straßen Rue Saint-Louis und Rue d'Auteuil. In der Unterstadt befinden sie sich am Ufer des St.-Lorenz.

Seite 49

🏨 Hotels

Le Château Frontenac, 1, rue des Carrières, ☎ (418) 692-3861 und 1-800-441-1414, 🖷 692-1751. Trägt den Titel „schönstes Hotel der Welt". ⑤⟩⟩
Hôtel Loews Le Concorde, 1225, place Montcalm, ☎ (418) 647-2222 und 1-800-463-5256, 🖷 647-4710. Moderner Kasten gleich außerhalb der Stadtmauern, attraktiv vor allem wegen seines raumschiffartigen Drehrestaurants hoch über der Stadt. ⑤⟩⟩
Hôtel Clarendon, 57, rue Sainte-Anne, ☎ (418) 692-2480 und 1-800-463-5250, 🖷 692-4652. Stilvolles Hotel der Gruppe Famille Dufour. ⑤⟩–⑤⟩⟩
L'Hôtel du Vieux-Québec, 1190, rue Saint-Jean, ☎ (418) 692-1850 und 1-800-361-7787, 🖷 692-5637. Heimelige Atmosphäre hinter den dicken Mauern Neufrankreichs. ⑤⟩–⑤⟩⟩
Holiday Inn Québec Sainte-Foy, 3125, bd. Hochelaga, ☎ (418) 653-4901 und 1-800-463-5241, 🖷 653-1836. Häufig Sonderpreisaktionen und Wochenendpackages. ⑤⟩–⑤⟩⟩
Hôtel au Jardin du Gouverneur, 16, rue Mont-Carmel, ☎ (418) 692-1704. Hübsche und preisgünstige Alternative zum Château Frontenac gegenüber. ⑤⟩–⑤⟩

🍴 Restaurants

A la Table de Serge Bruyère, 1200, rue Saint-Jean (Oberstadt), ☎ (418) 694-0618. Seit Jahren die Nummer eins in der Stadt. Gehört zu den besten Restaurants Kanadas. Cuisine française mit innovativem Touch. ⑤⟩⟩
Aux Anciens Canadiens, 34, rue Saint-Louis (Oberstadt), ☎ (418) 692-1627.

Traditionelle Quebecer Küche in historischer Atmosphäre. ⑤⟩⟩
Café du Monde, 57, rue Dalhousie (Unterstadt), ☎ (418) 692-4455. Knackige Salate, leckere Gratins, Weine aus aller Welt. ⑤⟩
Le Cochon Dingue, 46, bd. Champlain, ☎ (418) 692-2013. Eng, aber gemütlich, mit Treppe hinauf zur Rue Petit-Champlain. Gut zum Frühstücken, Junkfood aus der Oberliga. ⑤⟩
Le Commensal, 860, rue Saint-Jean, ☎ (418) 647-3733. Küche für Vegetarier, durchgehend Büffet. ⑤⟩
Au Petit Coin Breton, 655, Grande-Allée Est, ☎ (418) 525-6904. Bretonische Crêpes, gefüllte Pancakes, hausgemachte Eiscreme. ⑤⟩

Shopping: Québec ist berühmt für Kunsthandwerk und Antiquitäten. Letztere findet man vor allem in der Unterstadt entlang der Rue Saint-Paul. Auf einheimisches Kunsthandwerk, auch indianische und Inuit-Produkte, sind die kleinen Läden in der Rue Petit-Champlain spezialisiert. Die größte Shopping Mall der Region ist die Place Laurier in Sainte-Foy.

Am Abend: Ausgehen heißt in Québec Essen gehen und danach in einer Bar, einem Nachtklub oder einer Diskothek einschweben. Davon gibt es für jeden Geschmack und jede Altersgruppe reichlich, v. a. entlang der Grande-Allée. Zapfenstreich ist um drei Uhr. Gute Adressen am Ende des Tages:
Disco-Bar Le Dagobert, 600, Grande-Allée Est, ☎ (418) 522-0393. Gepflegtes Establissement für Twens.
Resto-Bar Le Beaugarte, 2600, bd. Laurier, Sainte-Foy, ☎ (418) 659-2442. Viele kommen wegen der happy hour um fünf und bleiben bis in die Nacht.
L'Aviatic Club, 450, rue de la Gare du Palais, ☎ (418) 522-3555. Elegante Bar der hiesigen Yuppies.
Jules & Jim, 1060, rue Cartier, ☎ (418) 524-9570. Nette kleine Bar mit großem Whisky-Angebot.
Le Merlin, 1179, rue Cartier, ☎ (418) 529-9567. Pool, Darts, schwere Theke.

Ausflug

Die Region **Chaudière-Appalaches** ist der ländliche Gegensatz zur Provinzhauptstadt und das Zentrum der Ahornsirup-Gewinnung. Die Route 173 führt direkt nach **Saint-Georges** (20 000 Einw., 100 km) zu Füßen der Appalachen. In den Ahornwäldern rings um die Stadt produzieren im Frühjahr mehrere Dutzend *cabanes à sucre,* wie die Zuckerhütten genannt werden, den bernsteinfarbenen *sirop d'érable,* den Ahornsirup. Besucher können bei der Herstellung zuschauen und danach deftige *cuisine québécoise* genießen, mit etwas Glück sogar an einem ausgelassenen Frühlingsfest teilnehmen. Auch im Sommer lohnt sich ein Besuch der Region: Ahornsirup direkt vom Hersteller ist qualitativ besser und meist auch preisgünstiger als das, was man in den Supermärkten bekommt. Folgen Sie einfach den Schildern „cabane à sucre".

Das Aux Anciens Canadiens

Bei der Ahornsaftgewinnung

Seite 69

Le Temps des Sucres

Schon die *habitants* sangen: „En caravane allons à la cabane / on est jamais de trop / pour manger du sirop / du bon sirop d'érable!" (etwa: „Laßt uns gemeinsam zur Zuckerhütte marschieren / man ist nie genug / um den guten Ahornsirup zu verzehren").

Wem im Frühjahr der frische, bernsteinfarbene Sirup einmal auf der Zunge zergangen ist, der stimmt in das Loblied gerne ein. Das süße Zeug schmeckt einfach gut, besonders in froher Runde. Der Ahornsirup gehört zu Québec wie das Croissant zu Paris, und keiner kennt die Provinz, der nicht eine *cabane à sucre* besucht, den Männern beim Kochen des Ahornsaftes über die Schulter geschaut und mit ihnen die ersten wärmenden Sonnenstrahlen des Jahres gefeiert hat. Denn nichts anderes bedeutet „le Temps des Sucres", die „Zeit des Zuckers", als das

Ende eines fünf Monate langen grimmigen Winters.

Sobald nächtlicher Frost mit Tauwetter am Tage wechselt, steigt der Saft in die Bäume. Dann werden Zapfen in die Stämme getrieben, Tropfen für Tropfen rinnt das leicht gelbliche Naß in die Eimer. Bis zu 40 l gibt ein Ahornbaum ab, genug für 1 l Sirup. Gekocht wird der Saft in großen Kesseln über offenem Feuer, nach 10 Minuten beginnt er bereits einzudicken. Wann er die richtige Konsistenz hat, entscheidet der *sucrier,* wie der erfahrene Sirupkocher heißt. Über 400 Zuckerhütten gibt es in Québec. Sie erzeugen rund 9 Mio. Liter Sirup und – in der industriellen Verarbeitung – verwandte Produkte wie Butter, Zucker und Bonbons. 1994 waren dies 90 Prozent der gesamten Ahornsirup-Produktion in Kanada und 70 Prozent der Produktion weltweit.

Route 1

Seite 55

Auf Kriegspfaden in die Neuengland-Idylle

** Montréal – * St-Denis – St-Jean – * Stanbridge East – Parc du Mont-Orford – ** Montréal (513 km)

In der Montérégie und in der Estrie südöstlich von Montréal begegnen sich diskreter angelsächsischer Charme und französische joie de vivre. Eine turbulente Vergangenheit hat das Tal des Richelieu-Flusses, die Vallée des Forts, erlebt. Schlachtfelder und Festungen erinnern an die strategische Bedeutung dieses einst wichtigsten Aufmarschgebiets in Nordamerika. Die Estrie hingegen ist die Quebecer Version Neuenglands: In seinen gepflegten kleinen Dörfern haben die Five o'clock tea und hölzerne Kirchturmspitzen über dem village green noch ihren Stellenwert.

Winzer laden zu Weinproben ein. Leichte Wanderungen führen zu herrlichen Aussichtspunkten über die bis zu 1000 m hohen Appalachen. Und auch die Seen und Wälder bieten sich als Spielwiesen für vielerlei Outdoor-Aktivitäten an. Es gibt so viel zu entdecken, daß Sie ruhig drei Tage für diese Tour einplanen sollten.

Jahrhundertelang waren Rot und Weiß hier auf dem Kriegspfad: Durch das Tal des in den Lake Champlain mündenden Rivière Richelieu marschierten Irokesen und Franzosen, Briten und Amerikaner. Wer das Land beiderseits des Flusses kontrollierte, für den lag der Besitz Montréals in Sichtweite. Auch die frankophonen Patrioten schlugen sich hier. Die Frustration über ihre politische Machtlosigkeit trotz einer Mehrheit im Parlament mündete 1837 in die „Rebellion des Patriotes" unter der Führung des Rechtsanwalts Louis-Joseph Papineau (s. S. 16). Das erste Gefecht gegen die Briten fand in *** St-Denis-sur-Richelieu** (2200 Einw., 45 km) statt. Die Patrioten siegten, wurden wenig später aber in St-Eustache bei Montréal vernichtend geschlagen. Im hübsch verschachtelten Dorf am Unterlauf des Richelieu gedenkt die ** Maison nationale des Patriotes* der Frauen und Männer, die schon damals von einem unabhängigen Französisch-Kanada träumten (🕐 Mai bis Sept. Di–So 10–17 Uhr).

Nun strebt die Chemin des patriotes genannte Route 133 am Ufer des Richelieu entlang *** Mont-St-Hilaire** (12 300 Einw., 82 km) zu. In der Künstlerkolonie zu Füßen des 400 m aufragenden Namensgebers arbeiteten einst auch Ozias Leduc und Paul-Emile Borduas (s. S. 20). Schöne Trails und ein weiter Blick auf das Tal und hinüber nach Montréal laden zum Besuch des von der UNESCO zum *bioreserve* ernannten *Centre de conservation de la nature* auf dem Berg ein. Wo der Richelieu sich zu einem Becken weitet, liegt **Chambly** (16 000 Einw., 113 km). Seit 1665 hält das ** Fort Chambly* hier Wache, anfangs als hölzerne Festung gegen die Irokesen, dann ab 1709 als steinernes, mit Bastionstürmen versehenes Kastell gegen die Briten. Doch längst ist Ruhe eingekehrt, und so genießt das Fort seinen Frieden in einem schattigen Park (🕐 tgl. 10–17 Uhr). Mehr Leben verspricht das *Fort Saint-Jean* in der Industriestadt **Saint-Jean-sur-Richelieu** (38 000 Einw., 145 km), denn hier werden heute frankophone Offiziere für die kanadische Armee ausgebildet.

Auf der **Ile aux Noix** kontrollierte zunächst ein französisches, später ein britisches Fort den Nord-Süd-Verkehr. Nach dem Krieg von 1812 setzten die Briten **Fort Lennox** auf die strategisch wichtige Insel, eine sternförmige Festung mit Wassergraben und ausgefeiltem Wallsystem. Hinzu kam eine Schiffswerft als Antwort auf die amerikanische Flotte auf dem Lake Champlain (🕐 Juni bis Sept. 10–18 Uhr).

In dem verträumten Nest *** Stanbridge East** (300 Einw., 225 km) überrascht das *Musée de Missisquoi:* Seine 12 000 Ausstellungsstücke beschreiben den Alltag der Loyalisten vor 200 Jahren (⏱ Juni bis Mitte Okt. tgl. 10–17 Uhr).

Stanbridge East ist im übrigen der Endpunkt der von Dunham kommenden *** Weinstraße** von Québec. Zwar hält sie kaum dem Vergleich mit ihren Namenscousinen in Europa stand, doch dafür verläuft sie in der einzigen Region der Provinz, in der überdurchschnittlich viele Sonnentage Weinbau ermöglichen. Die ausgedehnten, Hügel und Flure bedeckenden Weinfelder lassen sich nicht anmerken, welch harten Kampf sie gegen den fünf Monate dauernden Winter bestehen müssen. Und der Wein ist nicht schlecht: Bei einer Weinprobe fallen etwaige Vorbehalte schnell unter den Tisch. Weißweine, Rosés, Liköre, selbst Champagner lagern in den Kellern. Wer dennoch nicht auf den Geschmack kommt, kann sich

Abbaye de Saint-Benoît-du-Lac

Wein, der aus der Kälte kommt

Einer Provinz, deren heimliche Nationalhymne das Chanson „Mon pays, c'est l'hiver" („Mein Land ist der Winter") von Gilles Vigneault (s. S. 22) ist, traut man im Weinbau ungefähr so viel zu wie den Gärtnern in Alaska auf dem Gebiet der Ananaszüchtung. Und dennoch wachsen die Rebstöcke fein säuberlich in Reih und Glied und liefern Trauben von verblüffender Qualität. Über ein Dutzend Winzer aus haben sich seit Anfang der 80er Jahre in den Sonnenlöchern der Montérégie und Estrie etabliert, aber mit ihren Kollegen von den Weinbergen Frankreichs haben sie nicht viel gemeinsam. Klirrendkalte Winter und jähe Frosteinbrüche selbst im Juni zwingen sie zu Kreativität und unorthodoxen Methoden, wollen sie ihre Trauben in Wein verwandeln. Ende November verschwinden die Rebstöcke in dicken Erdwällen, im April werden sie wieder abgedeckt. Den Frühsommer über schlafen die Winzer mit der Hand am Telefon: Ist Nachtfrost angekündigt, steigen in Windeseile Helikopter auf, um die für die Trauben tödlichen Eiskristalle zu zerstäuben. Die Weinbauern experimentieren mit Sorten, die weniger Licht brauchen, und haben es bereits zu erstaunlichen Ergebnissen gebracht. Viele der hier gezüchteten Sorten benötigen nur noch 120 Tage zum Reifen – europäische Trauben sind erst nach 180 Tagen für die Lese bereit. Am Ende des Sommers wird die Wärme gestreckt, so weit es geht: Sogar künstliche Seen werden angelegt, um die Bodenwärme für ein paar zusätzliche Tage zu konservieren. Aber der Kampf um Licht und Wärme lohnt sich. Bei internationalen Wettbewerben haben die Winzer aus Québec schon beachtliche Preise davongetragen.

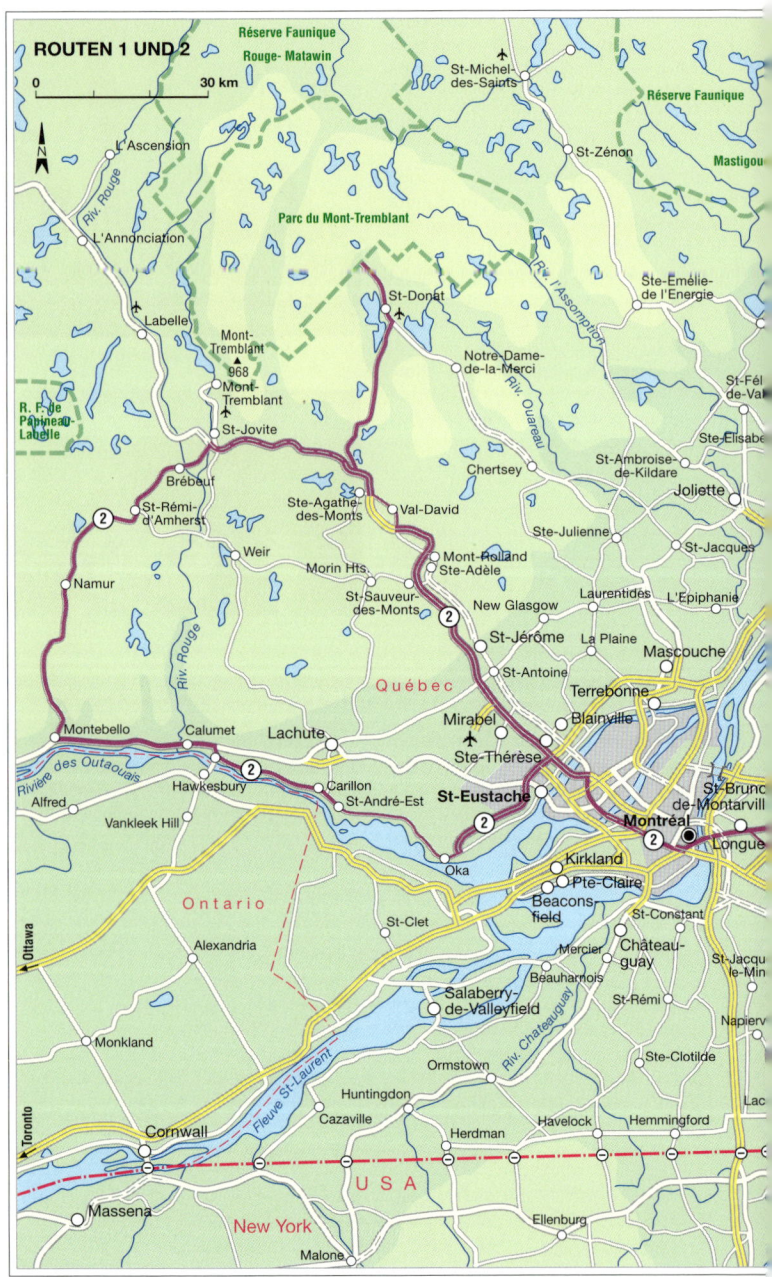

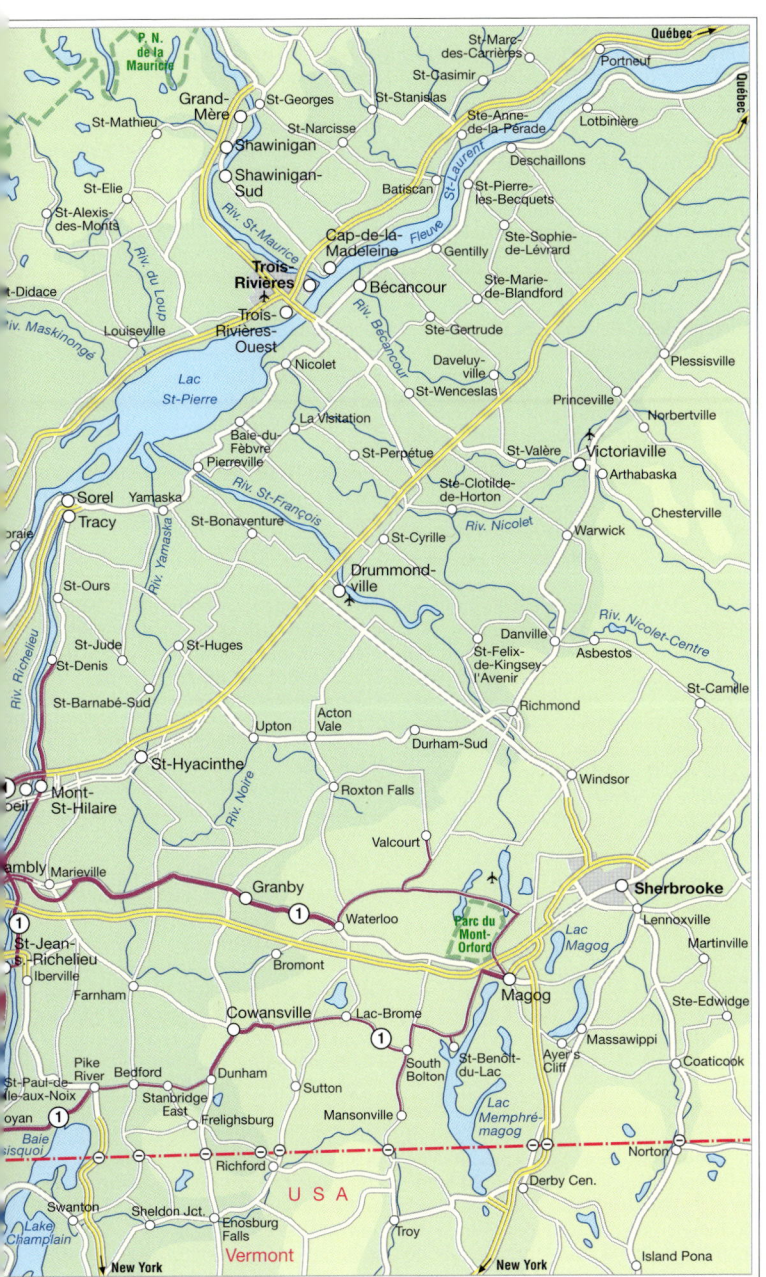

an erfrischenden Cidre halten. Die Apfelplantagen sind das zweite wirtschaftliche Standbein der Umgebung.

Vignoble de l'Orpailleur, 1086, route 202, Dunham, ☎ (514) 295-2763. Der größte Winzer der Provinz. Trockene Weißweine mit frischem Bouquet und leicht fruchtigem Geschmack.

Vignoble Domaine Côtes d'Ardoise, 879, route 202, Dunham, ☎ (514) 295-2020. Leichte Tafelweine, schöner Geschenkeladen.

Cidrerie Fleurs de Pommiers, 1047, route 202, Dunham, ☎ (514) 295-2223. Frischer Cidre und Apfelbutter.

Dunham (3200 Einw.) und **Cowansville** (12 500 Einw., 245 km) gehören zu den ältesten Gründungen der Loyalisten und werden von prächtigen viktorianischen Häusern geprägt. ***Knowlton,** heute Teil der Gemeinde Lac-Brome (4800 Einw., 266 km), war um die Jahrhundertwende eine beliebte Sommerfrische. Heute kommen die Montréaler am Wochenende zum Einkaufen und Essen hierher. Der Ort ist berühmt für seine Bekleidungs- und Antiquitätengeschäfte. Im *Musée historique du comté de Brome* sind ein Quäker-Versammlungshaus und eine deutsche Fokker DV II aus dem Ersten Weltkrieg zu sehen (🕐 Mitte Mai bis Mitte Sept. Mo-Sa 10–16.30, So 11–16.30 Uhr).

🏠 🏠 **Auberge Lakeview Inn,** 50, rue Victoria, Knowlton, ☎ (514) 243-6183 und 1-800-661-6183, 📠 243-0602. Viktorianische Villa mit holzgeschnitzter Terrasse und preisgekrönter Cuisine. ⑤–⑤⑤

Das 1913 gegründete Benediktinerkloster ***Abbaye de Saint-Benoît-du-Lac** liegt am Lac Memphrémagog in einer Ansichtskartenidylle aus grünen Matten, stillen Wassern und blauen Bergen. Aber nicht nur die Mönche wissen die Landschaft zu schätzen: Zahlreiche Hollywoodstars, darunter Donald Sutherland, Sylvester Stallone und Madonna, haben sich am Ufer des Sees standesgemäß eingekauft, für neugierige Blicke allerdings unsichtbar.

Ein weiteres typisches Neuengland-Abziehbild ist Ziel eines Abstechers: Auch ***Mansonville** (1600 Einw., 27 km von Lac-Brome) hat sein *village green,* daneben aber auch eine vielfältige Architektur, unter der eine überdachte Brücke und eine den Shakern (eine Quäkersekte) zugeschriebene runde Scheune besonders auffällig sind.

———

Der **Parc du Mont-Orford** bietet willkommene Abwechslung. Hier kann man wandern und zum Baden mit dem Kanu zu reizenden Felseninselchen paddeln. Der Blick vom knapp 900 m hohen Mont-Orford reicht über den sich 42 km bis in die USA erstreckenden Lac Memphrémagog, die Appalachen im Osten und weit in das St.-Lorenz-Tiefland im Norden. Zum Sprung ins kühle Naß verleitet der Lac Stukeley, an dem Kanus vermietet werden.

🏠 **Chéribourg,** 2603, chemin du Parc Orford, Magog, ☎ (819) 843-3308 und 1-800-567-6132, 📠 843-2639. Freizeit-Resort am Rand des Parc du Mont-Orford mit umfangreichem Sportangebot. ⑤⑤, Restaurant ⑤

Manoir des Sables Hotel & Golf, 90, avenue des Jardins, Magog-Orford, ☎ (819) 847-4747 und 1-800-567-3514, 📠 847-3519. Modern, aber gemütlich, mit eigenem 27-Loch-Golfplatz. ⑤–⑤⑤

Bevor man den Rückweg nach Montréal antritt, sollte man sich noch für **Valcourt** (403 km) Zeit nehmen. Das *Musée J.-Armand-Bombardier* befaßt sich mit einem Stück typischen Quebecer Alltags: 1937 baute Joseph-Armand Bombardier das erste kommerzielle Schneemobil der Welt, 1959 erfand er den Motorschlitten, das „Ski-Doo", das heute aus dem Winter Québecs nicht mehr wegzudenken ist. Um die bescheidene Werkstatt entstand im Laufe der Zeit ein riesiger Konzern, der außer Schneemobilen auch Turbinen und Jets baut und exportiert. Die Ausstellung zeigt Kettenfahrzeuge von 1922 bis heute (🕐 tgl. 10–17 Uhr).

Route 2

Wildnis vor der Haustür

** Montréal – ** Parc du Mt-Tremblant – * Réserve faunique de Papineau-Labelle – ** Montréal (387 km)

Nur zweieinhalb Autostunden nördlich ihrer Haustür stehen die Montréalais in den Laurentides auf dem Tellerrand des Kanadischen Schilds und genießen die Aussicht über eine erst am Horizont endende Berglandschaft mit langgestreckten Seen. Die hübschen Orte dieser Region blicken auf eine vornehme Vergangenheit als Sommerfrischen der wohlhabenden Großstädter zurück. Auch heute kommen die beschaulichen Schönheiten weitgehend ohne Neonreklame und Fastfood-Buden aus und schmücken sich lieber mit Emailleschildern und kleinen Gourmetrestaurants. Auch die Nacht verbringt man hier höchst angenehm, es sei denn, man zieht die rustikalen Hütten der Naturschutzgebiete vor, ehe man am nächsten Tag nach Montréal zurückkehrt.

Pater Antoine Labelle rief, und viele, viele kamen. Die von dem Geistlichen von Saint-Jérôme aus um 1870 initiierte Kolonisierung der Laurentides sollte das Interesse auswanderungswilliger frankophoner Jugendlicher von den USA ablenken und das Gebiet nördlich von Montréal auf die Landkarte setzen. Im Laufe der Zeit verwandelten sich die Hüttendörfer der Pioniere in kleine Schmuckstücke. *** Saint-Sauveur-des-Monts** (5900 Einw., 71 km) ist ein charmantes Städtchen mit Boutiquen, Kunsthandwerksläden und einem selbst für die verwöhnten Montréaler anregenden Nachtleben. **Sainte-Adèle** (7800 Einw.) am Lac Rond hat sich als Künstlerkolonie einen Namen gemacht. In geschmackvoll dekorierten Schau-

Eine eigentümliche Architektur überrascht in Mansonville

Seite 54

Alte Sommerfrische mit Stil: Saint-Saveur-des-Monts

Der Mensch lebt nicht vom Brot allein: Auch Cidre steigert das Wohlbefinden

fenstern stellen seine Bewohner Vasen, Schmuck, Bilder und Skulpturen aus.

Weniger kommerziell und ein wenig alternativ präsentiert sich *Val–David (2700 Einw., 95 km) zu Füßen des felsigen Mont Césaire. Künstlerkneipen und Terrassen-Restaurants verbreiten eine entspannte Atmosphäre. Der idyllische Lac des Sables in *Sainte–Agathe–des–Monts (9300 Einw., 104 km) war einst der Tummelplatz des alten Geldadels. Die luxuriösen Sommerhäuser von William B. Fox von Twentieth Century und Co. können im Rahmen einer Bootsfahrt besichtigt werden.

🏨 **Hôtel La Sapinière,** 1244, chemin La Sapinière, Val-David, ☎ (819) 322-2020 und 1-800-567-6635, 🖷 322-6510. Traditionshotel an einem idyllischen See, mit rustikalem Charme und erfindungsreichem Chef. Ⓢ⟫

🏨 🏨 **Hôtel–Restaurant L'eau à la Bouche,** 3003, bd. Sainte-Adèle, Sainte-Adèle, ☎ (514) 229-2991, 🖷 (514) 229-7573. Gemütliches Hotel, preisgekröntes Restaurant. Ⓢ⟫

Der *Mont-Tremblant,* im Winter eines der besten Skigebiete Ost-Kanadas, dominiert den **★★Parc du Mont-Tremblant,** dessen Eingangstor ca. 60 km nördlich von Sainte-Agathe-des-Monts liegt. Mit seinen rund 500 zum Teil miteinander verbundenen Seen und einem Kanuverleih am Lac Monroe im Secteur Diable (ausgeschilderte Abzweigung von der Autoroute 15 bei Saint-Jovite) ist er das ideale Revier für Kanu-Novizen. Natürlich kann man in unmittelbarer Nähe der zahlreichen Campingplätze auch schwimmen, angeln und wandern.

Noch ursprünglicher und einsamer gestaltet sich das Naturerlebnis in der 1700 km² großen *Réserve faunique de Papineau-Labelle. Nächtliches Wolfsgeheul, der gespenstische Ruf des Eistauchers, aus dem Nichts auftauchende Elche im Süden des Parks und Virginiahirsche gehören zu den unvergeßlichen Urlaubserinnerungen nach ein paar stillen Tagen an einem seiner

Seen. Quartier bieten mit Ruderbooten ausgestattete einfache Anglerhütten. Verpflegung muß mitgebracht werden und kann im kleinen Lac-Nominingue eingekauft werden, wo sich auch der Parkeingang befindet.

❶ Parc du Mont-Tremblant, 731, chemin de la Pisiculture, Saint-Faustin, ☎ (819) 688-2336, 🖷 688-6369. Hüttenreservierung unter ☎ 1-800-665-6527; Information auch am Park eingang. Réserve faunique de Papineau-Labelle, Val-des-Bois, ☎ (819) 454-2013 und 1-800-665-6527, und am Parkeingang.

In **Montebello** (260 km) am Rivière Outaouais – auf dem südlichen, anglokanadischen Ufer wird die alte Kanuroute der Indianer und Pelzhändler Ottawa River genannt – empfiehlt sich ein kurzer Aufenthalt im *Manoir Papineau. Louis-Joseph Papineau (s. S. 16), baute die herrschaftliche Residenz 1850 nach seiner Rückkehr aus dem Exil. Sie gehört zu einem ausgedehnten Anwesen, das zu Beginn des 20. Jhs. die Canadian Pacific Railway erwarb. Die Eisenbahngesellschaft errichtete 1930 bis 1933 das höchst luxuriöse *Château Montebello, trotz des Namens nicht im Château-Stil, sondern als Blockhaus, das allerdings mit 10 000 dunkelroten Zederstämmen das größte der Welt sein dürfte. Es zählt zu den besten Hotels in Nordamerika.

Östlich von Montebello mündet der Rivière Rouge in den Outaouais. Rafting auf dem Rouge ist Wildwasser-Freunden aus ganz Kanada ein Begriff: Der Abschnitt zwischen Harrington und **Calumet** (282 km) zählt mit seinen Stromschnellen und mehrere Meter hohen Stufen zu den sportlichen Leckerbissen. Die feuchten Schlauchboottrips dauern vier bis fünf Stunden und werden in Calumet angeboten.

In **Oka** (347 km, s. S. 10) legt eine kleine Autofähre über den Outaouais nach der anglophonen Enklave *Hudson* ab. Von hier nach **★★Montréal** (s. S. 31) ist es nicht mehr weit.

Route 3

Im hohen Norden

**** Montréal – ** Réserve
faunique La Vérendrye – Val d'Or –
(** Baie-James –) Rouyn-Noranda –
(** Ottawa –) ** Montréal
(ca. 1500 km)**

Das Château Montebello

Im hohen Norden der Provinz sind die
Sagen von den bärenstarken Kerlen
und ihren fliegenden Kanus zu Hause.
Waldläufer waren lange Zeit die einzigen Weißen, die sich in den endlosen Wäldern herumtrieben. Die Besiedlung des up-country kam erst um
die Mitte des 19. Jhs. in
Gang. Den Anfang machten
Holzfällercamps, aus denen
kleine Siedlungen entstanden, bevor die Entdeckung
reicher Gold- und Kupfer-
vorkommen die Region Abi-
tibi zur Jahrhundertwende
in Québecs Wilden Westen
verwandelte.

*Wochenendziel der Montréalais:
der Parc du Mont-Tremblant*

Heute sind die Boomtowns
von anno dazumal gemütli-
che, von Wald umgebene
Inseln der Zivilisation, die
vor allem von der Holz- und Papierindustrie leben. Eine Schotterpiste
strebt von ihnen aus in die Tundra des
Grand-Nord, das Outdoor-Paradies
erfahrener Kanuten. Noch immer
durchstreifen Trapper vom Stamm der
Cree die kargen Weiten, in die allerdings die Moderne brutal eingeschla-
gen hat: Gigantische Wasserkraftwerke an der Baie-James produzieren
den Strom für die Provinz.

Für diese Rundfahrt – ein Angebot
für die wildniserfahrenen Kanada-
Freaks – sollte man eine gute Woche
veranschlagen – und mindestens vier
Tage mehr, entscheidet man sich für
den Abstecher an die Baie-James.

*Auch die Réserve faunique La
Vérendrye ist ein Seenparadies*

Seite 61

3

** Parc du Mont-Tremblant und *** Réserve faunique de Papineau-Labelle** (s. Route 2, S. 58) heißen die ersten großen Naturerlebnisse nördlich von Montréal. An ersteren schließt sich die 1600 km² große *** Réserve faunique Rouge-Matawin** (215 km) an. Menschen sind hier verglichen mit der Population der Elche nur eine verschwindende Minderheit. Sollten die Hütten in den Parks trotzdem bereits belegt sein, kann man auf die kleinen Hôtels und Gîtes in den Städtchen an der Route 117 ausweichen. Reizende Ausgangspunkte für Trips in den Busch sind *Lac-Nominingue* und *L'Anonciation* im Tal des kristallklaren Rivière Rouge.

❶ Réserve faunique Rouge-Matawin, 2951, route 125 Nord, C. P. 370, Saint-Donat, ☎ (418) 890-6527 und 1-800-665-6527.

🏠 **Hôtel du Golf Nominingue,** 2100, chemin Tour du Lac, Lac-Nominingue, ☎ (819) 278-3836, 📠 278-4412. Geschmackvolles Golfresort in landschaftlich herrlicher Lage. Ⓢ
Auberge du Lac-Nominingue, 1364, chemin Tour du Lac, Lac-Nominingue, ☎ (819) 278-3713, 📠 278-3727. Villa mit Blick auf den See. Ⓢ–Ⓢ

Das Kanu und die Füße sind die traditionellen Fortbewegungsmittel, wenn man sich abseits der Straße hält, aber es geht auch schneller: Auf ein- und mehrtägigen Expeditionen kann man von Mont-Laurier aus den Rivière du Lièvre auch mit Jetskis – hierzulande Sea-Doos – erforschen (F. Constantineau et Fils inc., 1117, bd. A. Paquette, Mont-Laurier, ☎ 819/623-1724 und 1-800-567-4574, 📠 623-7105).

Mont-Laurier (8200 Einw., 296 km) war im vorigen Jahrhundert Endpunkt des „P'tit train du Nord", der das *Pays d'en Haut* mit Montréal verband. Heute ist die Eisenbahntrasse ein 200 km langer Radwanderweg durch Elch- und Hirschgebiet, mit Picknick- und Campingplätzen an stillen Seen und klaren Flüssen. Der P'tit train du Nord Parc lineaire beginnt in Saint-Jérôme und

endet in Mont-Laurier (❶ Le P'tit Train du Nord Parc lineaire, ☎ 514/436-8532). In der kleinen Stadt selbst ist die *Abbaye des Moniales Bénédictines* einen Besuch wert. Die von den Mönchen aus Ziegenmilch hergestellte Schokolade ist gar nicht so schlecht!

2200 Kilometer Kanurouten umfaßt die 13 600 km² große **** Réserve faunique La Vérendrye,** ein Outdoor-Paradies von gigantischen Ausmaßen. Die Strecken tragen Algonquin-Namen wie *Chochocouane, Canimiti* oder *Canawamamimi* und versprechen Freiheit und Abenteuer. So bekommt man es auf der 66 km langen Strecke *Carrière* mit einer Stromschnelle der Kategorie 1, dreien der Kategorie 2, vier Biberdämmen, zwei Untiefen, zwei kleinen Wasserfällen und sieben Tragestrecken von insgesamt 1,6 km Länge zu tun. Diese Kanuroute dauert fünf Tage, aber es gibt auch kürzere und längere. Die Vegetation des Naturschutzgebietes wird bereits von der nordischen Schwarzkiefer und von Birken bestimmt, von der Fauna zeigen sich vor allem Biber, Elche und Weißkopf-Seeadler. Kanus können im Basislager an der den Park durchquerenden Straße 117 gemietet werden. Auch Proviant und Ausrüstung sind hier zu komplettieren.

❶ Poste d'accueil secteur nord, Route 117, ☎ (819) 736-7431. – Réserve faunique La Vérendrye, c/o Ministère de l'Environment et de la Faune, 1155, rue des Foreurs, C. P. 1330, Val d'Or, ☎ (819) 825-2392.

In **Val d'Or** (24 000 Einw., 595 km) kehren die Kanujünger in die Zivilisation zurück. Großzügige Avenuen, gepflegte Gärten und ausladende Supermärkte prägen die überraschend große Stadt. Informationen über die Baie-James werden in einem Besucherzentrum am Ortseingang bereitgehalten.

Val d'Or wurde 1922 auf dem Höhepunkt des Abitibi-Goldrausches gegründet. Ein halbes Dutzend Minen arbeiten noch, aber an die Zeit, als die Stadt der größte Goldproduzent Ka-

nadas war, erinnert nur noch das * Village Minier de Bourlamaque, eine 1933 angelegte Mustersiedlung aus 80 Blockhäusern für die Minenarbeiter (◷ Juli, Aug. tgl. 9–18 Uhr).

🏠 **Comfort Inn Journey's End,** 1665, 3e Avenue, Val d'Or, ☎ (819) 825-9360 und 1-800-668-4200. Modernes Standardhotel. Ⓢ

🏠 **La Grilladerie,** Rue de l'Escale, Val d'Or, ☎ (819) 824-5384. Regionale Spezialitäten. Ⓢ–Ⓢ

In **Malartic** (4700 Einw.) wird noch ausgiebig gefördert. Ein Dutzend Gold- und Zinkminen geben den Einwohnern Arbeit. Im *Musée régional des mines* geht es auf einer simulierten Minentour hinab in die imaginäre Tiefe, wo das Abbauverfahren erläutert wird (◷ tgl. 9–17 Uhr).

Amos (13 800 Einw., 676 km) ist das Zentrum der Region Abitibi. Eine angenehme Stunde kann man im *Refuge Pageau* verbringen. Seit 30 Jahren päppelt hier Michel Pageau, ein bärtiges Original, verletzte Wildtiere wieder auf. Elche, Hirsche und andere Rekonvaleszenten laufen auf dem Anwesen frei umher (◷ Juli, Aug. Di–Fr 13–17, Sa, So 13–20, Sept. Di–So 13–16 Uhr).

Abstecher

Amos öffnet das Tor zur Region ** Baie-James,** einer 350 000 km² großen, von nur 30 000 Menschen bewohnten Wildnis aus borealem Nadelwald und einsamen Felseninseln. Bis nach Radisson, dem Standort der Mammut-Wasserkraftwerke von Hydro Québec, sind es von Amos 620 km. Die Führung durch die in den Stein des kanadischen Schildes gehauenen Kathedralen des Stroms sowie die Unterkunft sollte man schon im Besucherzentrum bei Kilometer 6 buchen, denn Besichtigungen auf eigene Faust sind nicht möglich. In der Kupfer- und Zinkstadt **Matagami** (2400 Einw., 183 km von Amos) befindet sich ein kleines Motel. Bei Kilometer 381 kann man auftanken und etwas essen. Die meisten Besucher

kommen übrigens per Flugzeug mit der Canadian North nach Radisson (❶ unter ☎ 514/286-1212, Flüge von Montréal und Val d'Or).

❶ und Buchungen: Municipalité de la Baie-James, km 6, Route de la Baie-James, C. P. 500, Matagami, ☎ (819) 739-4473, 📠 739-2088.

Ausgedünnte Kiefernwälder, namenlose Seen, grauer Granit, darauf eine Ansammlung Wohncontainer, die sich um ein Hauptgebäude scharen: das ist **Radisson** (700 Einw.), das Nervenzentrum des von Hydro Québec betriebenen ** Complexe La Grande,** einem Verbund aus mehreren bis zu 140 m tief in den Kanadischen Schild getriebenen Wasserkraftwerken. Ihre Energie gewinnen sie aus einem Einzugsgebiet von der Größe Deutschlands. Flüsse wurden umgeleitet, weite Gebiete überflutet, Staudämme errichtet, um die Provinz mit Strom zu versorgen. 300 Mio. m³ Fels und Geröll wurden bewegt, 1300 km Straßen gebaut. Auf dem Programm der vierstündigen Sightseeing-Tour, beginnend im *Centre d'information de La Grande-2* in Radisson, steht eine Busfahrt durch die domartigen Turbinenhallen und Tunnelsysteme von LG-2, dem größten unterirdischen Kraftwerk der Welt. An der Oberfläche werden der Damm und der sog. „spillway" besichtigt, eine gigantische, in Fels gesprengte Treppe, über die Hochwasser abgeleitet werden kann. Eine aufwendige Ausstellung informiert u. a. auch über die ökologischen Konsequenzen dieses Mammutprojekts – aus der Sicht von Hydro Québec natürlich, das weitere Kraftwerke im Norden plant. So sei die in den 80er Jahren bei Fischern und Cree-Indianern gemessene Quecksilbervergiftung inzwischen „auf normalem Wege" abgeklungen.

🏠 **Auberge Radisson,** Compl. Pierre-Radisson, ☎ (819) 638-7201, 📠 638-7785. Komfort in der Wildnis. Ⓢ

Westlich von Radisson ist Indianergebiet. Die Cree leben in **Chisasibi**

Seite 61

(3100 Einw., ca. 120 km von Radisson), einer modernen Siedlung aus dem Jahr 1978. Im Gemeindezentrum bietet ein profilierter Outfitter Kanu-Expeditionen und Vogelbeobachtung unter der Leitung erfahrener Cree-Jäger an (Chisasibi Mandow Agency, C. P. 30, Chisasibi, ☎ 819/855-3373).

Riesige Holztransporter auf der Straße 111 und Sägewerke auf kahlrasierten Flächen zeigen an, daß die Zivilisation wieder näher rückt. Die Holz- und Zellstoffindustrie ist in dem Gebiet um *Taschereau* die Haupterwerbsquelle.

Rouyn–Noranda (27 000 Einw., 798 km) hingegen lebt von anderen Reichtümern und schmückt sich selbstbewußt mit den Titeln Hauptstadt der Region Abitibi-Témiscamingue und Kupferhauptstadt Kanadas. Alles über die Mineralien unter der Stadt erfährt man

Michel Pageau mit Patient

Begegnung im hohen Norden

Vertrag mit Folgen

Verträge zwischen Weiß und Rot um Landrechte und Kompensationszahlungen – in Kanada ein uraltes Thema. Québec war die erste Provinz, die eine Einigung mit den Indianern erzielte. 1975 unterzeichneten Vertreter aus Québec, Ottawa und der Cree die Convention de la Baie-James et Québec-du-Nord. Die Cree überließen Québec Teile ihrer traditionellen Jagdgebiete zum Bau der Wasserkraftwerke und erhielten dafür rechtsgültige Jagd-, Fischerei- und Besitzrechte in anderen Teilen des Nordens sowie 225 Mio. Dollar Abfindung und Gelder zur besseren sozialen Versorgung. Damals wurde dieser Vertrag als Meilenstein auf dem Weg zu einem besseren Klima zwischen Rot und Weiß gefeiert.

Zu Unrecht – denn die Cree hatten gar keine andere Wahl. Die Würfel in einem Milliardenspiel, in dem wirtschaftliche Interessengruppen die Regeln aufstellten, waren schon längst gefallen. Bald zeigten sich die ersten Umweltschäden, verursacht durch einen gigantischen Eingriff in die Natur. In Europa wurde vor allem die von der Überflutung weiter Landstriche erzeugte Quecksilberverseuchung von Fischen und Menschen bekannt. Die langfristigen Folgen, die die Umleitung ganzer Flüsse und die Schaffung von Riesenstauseen für die hoch empfindliche subarktische Flora und Fauna haben wird, sind noch gar nicht absehbar.

Laut Vertrag ist der Complexe La Grande nur die erste von drei Anlagen. Die Pläne für den Complexe Grande Baleine (Great Whale) nördlich von Radisson verschwanden nach heftigen Protesten von Cree und Umweltschützern jedoch vorerst in den Schubladen. Denn würde Grande Baleine realisiert, hieße dies: 30 neue Staudämme, die Umleitung neun großer Flüsse und die Überflutung eines Gebietes von der Größe New Hampshires ...

3

Seite
61

bei einem Besuch des *Horne Smelter* (Schmelzofenanlage, ◷ Juni bis Aug. tgl. 8–17 Uhr).

🏠 **Comfort Inn Journey's End,** 1295, avenue Larivière, Rouyn-Noranda, ☎ (819) 797-1313 und 1-800-668-4200. Geräumige Zimmer. ⑤⑤

Die Zeiten, da das Holz mangels Straßen zu Flößen zusammengebunden flußabwärts trieb und flinke Flößer auf rotierenden Stämmen tanzten, sind vorbei. In **Angliers** (310 Einw., 895 km) am schönen Lac Quinze ruft das historische Schleppboot „T. E. Draper" einen Hauch dieser Ära zurück. Auch der Pelzhandel ist nur noch Erinnerung. 1679 errichteten die Franzosen beim heutigen **Ville-Marie** (3200 Einw.) das *Fort Témiscamingue* (heute nationale Gedenkstätte), um der britischen Hudson's Bay Company im Norden die guten Geschäfte zu erschweren (◷ Juni bis Aug. tgl., wechselnde Zeiten).

Beim gleichnamigen Ort weiter südlich wechselt man die Flußseite und folgt dem Ottawa River auf dem Highway 17 – in Ontario. Erst bei *Pembroke* geht es wieder zurück nach Québec. In **Fort-Coulonge** (1600 Einw., 1191 km) führt ein hübscher Spaziergang zu den 46 m hohen *Chutes Coulonge.*

Chichester, Bryson, Bristol: Daß Anglokanadier diesen Teil der holzreichen Region entwickelten, läßt sich aus den Ortsnamen unschwer erkennen. 1800 gründete der Amerikaner Philemon Wright die Stadt *Hull (61 000 Einw., 1302 km), deren Umgebung in kürzester Zeit zum bedeutendsten Holzlieferanten des British Empire wurde. Erst 50 Jahre später veränderten Verwaltungs- und Regierungsgebäude der über den Fluß reichenden Bundeshauptstadt Ottawa das Antlitz Hulls. Heute wird es meist in einem Atemzug mit Ottawa genannt, nicht zuletzt wegen des weltberühmten **Musée Canadien des Civilisations** direkt am Ufer. Es ist allein schon architektonisch ein Kunstwerk: Seine Gestalt gleicht in der Bewegung erstarrten Wellen, womit es

nach dem Willen des Architekten Douglas Cardinal das von Wind, Flüssen und Gletschern geformte Kanada symbolisiert. Das Museum ist der Besiedlungsgeschichte Kanadas gewidmet und sucht durch interaktive Ausstellungen, Dioramen und Sound & Light-Shows Verständnis für die über 270 Kulturen Kanadas zu wecken. Besonders eindrucksvoll ist die ovale Grand Hall mit den elf bis an die Decke reichenden Totempfählen der Nordwestküsten-Indianer (◷ tgl. 9–17 Uhr).

Bis vor die Tore der Stadt reicht der 356 km² große **Gatineau Park,** das Erholungsgebiet sowohl der anglophonen Hauptstädter als auch der frankophonen Einwohner Hulls. Der 51 km lange *Gatineau Parkway* führt an glatt geschliffenen Felsen vorbei hinab ins Tal des Outaouais. Den schönsten Blick genießt man vom *Champlain Lookout* an der Kante des Eardley Escarpment.

❶ atr Outaouais, 103, rue Laurier, ☎ (819) 778-2222, 🖷 778-7758.

🏠 **Auberge de la Gare,** 205, bd. St-Joseph Est, Hull, ☎ (819) 778-8085 und 1-800-361-6162, 🖷 595-2021. Modern und zentral gelegen, gutes Preis-Leistungs-Verhältnis. ⑤⑤–⑤⑤
Môtel du Parc, 359, bd. Taché, Hull, ☎ (819) 770-3838, 🖷 770-5420. Gemütliche Herberge am Eingang zum Gatineau Park. ⑤–⑤⑤
Couette et Croissant, 330, rue Champlain, Hull, ☎ (819) 771-2200. B&B nahe dem Parliament Hill. ⑤
🍴 **Café Henry Burger,** 69, rue Laurier, Hull, ☎ (819) 777-5646. Exquisite französische Küche zu fairen Preisen. ⑤⑤
Café les Quatre Jeudis, 44, rue Laval, Hull, ☎ (819) 771-9557. Künstler- und Journalistentreff, internationale Küche. ⑤–⑤⑤

Unterhaltung: **Au-Zone,** 117, promenade du Portage; Bar und Disko, anglo- und frankokanadisches Publikum.
Le Bop Bar, 9, rue Aubrey; postmodernes Dekor, immer gute Stimmung.

**Ottawa

Als im 19. Jh. nach einer geeigneten Bundeshauptstadt gesucht wurde, gehörten Montréal und Toronto zwar zu den Bewerbern, aber das Rennen machte ein schmutziges, tief in den Wäldern am Ottawa River, geographisch jedoch günstig gelegenes Holzfällerkaff namens Bytown. Aus Bytown wurde schon bald Ottawa, und aus dem häßlichen Entlein ein stolzer Schwan, der Besucher aus aller Welt anzieht.

Zwar fehlen bis heute das Flair Montréals und die Dynamik Torontos, wirkt die junge Hauptstadt (920 000 Einw.) provinziell-beschaulich und zuweilen so ernst, als sei sie des ewigen Gerangels mit Québec und den übrigen Provinzen müde. Umsonst waren die großzügigen Subventionen für Kunst und Kultur jedoch nicht. Nationalmuseen und Galerien von internationalem Rang, ein prallvoller Veranstaltungskalender mit Umzügen und Live-Musik und ein Nachtleben mit hervorragenden Restaurants, Bars und Nachtklubs lohnen den Abstecher, für den man zwei Tage veranschlagen sollte.

Neogotische Bögen, altersgrüne Kupferdächer: Kaum vorstellbar, daß die **Parliament Buildings ❶**, die so würdevoll hoch über dem Ottawa River thronen, keine 140 Jahre alt sind! Davor standen an dieser Stelle nur ein paar Holzfällerhütten, und auch die Siedlung Bytown zu Füßen des Felsens war mit ihren Kneipen und Bordellen alles andere als respektabel. Einwanderer aus Irland und Québec versoffen hier das Geld, das sie in den Sägewerken von Hull und beim Ausschachten des Rideau Canal verdient hatten. Doch diese Zeiten sind längst vergangen. Heute wird von

Streng und unnahbar –
wie der Kollege in London

Am Rideau Canal gehen die
Freizeitskipper vor Anker

Musée Canadien des Civilisations

3

Seite
67

3

Seite
67

hier aus das zweitgrößte Land der Welt regiert. Farbenprächtige Wachablösungen (Juli, Aug. tgl. 10 Uhr) entzücken Busladungen von Touristen aus aller Welt. Von der Spitze des 100 m hohen Peace Tower genießt man einen herrlichen Rundblick über Ottawa (Führungen durch den Centre Block Mai bis Sept. tgl. 9–20.30, sonst 9–16.30 Uhr). Wenige Meter vom Parlament Hill entfernt liegt der **Confederation Square** ❷, Ottawas Verkehrsknotenpunkt. Von hier zweigen die *Wellington Street,* die Finanzmeile der Stadt, und die *Sparks Street Mall* ❸ ab, eine elegante Fußgängerzone. An der Ostseite des Platzes verläuft der *★Rideau Canal,* der 1832 nach sechsjähriger Wühlarbeit fertiggestellt wurde. Freizeitkapitäne warten hier auf das Kommando des Wärters, um durch die Schleusenkammer der handbetriebenen **Ottawa Locks** ❹ 24 m tiefer zum Ottawa River zu gelangen.

Der **Sussex Drive** ist das Prestigeobjekt der Stadtväter, eine Allee aus Fahnenwäldern, Grünanlagen und viel Kunst und Kultur, die am Ufer des Ottawa River entlangführt und im feinen Viertel Rockcliffe endet. Wie Ottawa im 19. Jh. ausgesehen hat, daran erinnern die alten Backsteingebäude um die 1927 errichtete Markthalle *★By Ward Market* ❺, das quirlige Gravitationszentrum der täglich in die Stadt kommenden Obst- und Gemüsehändler. Nach Einbruch der Dunkelheit spielt sich hier bis zum Zapfenstreich um ein Uhr ein Großteil des Nachtlebens der Hauptstadt ab.

Die von dem kanadischen Stararchitekten Moshe Safdie stammende Architektur der *★★National Art Gallery of Canada* ❻ ist fast ebenso berühmt wie deren Kunstschätze. Von außen wie ein überdimensionales, geschmackvoll gestyltes Glashaus wirkend, erwartet die Galerie den Besucher im Innern mit einer Fülle von Sinneseindrücken. Von der lichtdurchfluteten *Great Hall* geht es zu über 40 000 Gemälden, Skulpturen, Fotografien und Videos, hin und wieder laden stille Atrien zu besinn-

lichen Pausen ein. Die *Canadian Galleries* auf Ebene 1 zeigen einen Querschnitt durch das kanadische Kunstschaffen aus 300 Jahren (Mai bis Okt. tgl. 10–18 Uhr, Do bis 20 Uhr, sonst Mi–So 10–17, Do bis 20 Uhr).

Hinter der National Gallery bestimmt Samuel de Champlain mit einem Astrolabium seinen Standort. Das Denkmal für den „Vater Neufrankreichs“, der 1613 auf dem Weg zu den Großen Seen hier vorbeikam, erhebt sich über dem Ottawa River am *★Nepean Point* ❼.

Stadtauswärts wird der Sussex Drive zusehends feiner. Die Adresse *Sussex Drive 24* ist in Kanada jedem Schulkind bekannt: In dem schlichten Haus hinter hohen Bäumen wohnt der kanadische Premierminister. **Rideau Hall** ❽, seit 1865 die Residenz des Governor General, des Stellvertreters der Queen in Kanada, ist dagegen ein repräsentatives, von einem Park umgebenes Gebäude, das besichtigt werden kann, wenn keine offiziellen Empfänge stattfinden. Weiter nordöstlich weisen hohe Hecken, kleine Wäldchen und vor allem teure Luxusvillen darauf hin, daß man **Rockcliffe,** das Nobelviertel von Ottawa, erreicht hat. Je nach Herkunftsland mehr oder weniger prächtige Botschafterresidenzen, Privatschulen und Tennisplätze, aber kaum eine Menschenseele auf den Straßen: eine Insel der Glücklichen?

Praktische Hinweise

❶ Canada's Capital Information Centre, 14 Metcalfe St. (gegenüber Parliament Buildings), ☎ (613) 239-5000 oder 1-800-465-1867.

🏨 **Château Laurier,** 1 Rideau St., ☎ (613) 241-1414 und 1-800-441-1414, 🖳 562-7030. 1912 im Stil eines Loire-Schlößchens erbautes Flaggschiff der Hotelkette Canadian Pacific. Ottawas Hotel Nummer eins. ⓈⓈⓈ
Doral Inn, 486 Albert St., ☎ (613) 230-8055 und 1-800-263-6725, 🖳 237-9660. Nostalgische Zimmer im viktorianischen Stil. Ⓢ

Albert House Inn, 487 Albert St., ☎ 236-4479 und 1-800-267-1982, 🖶 237-9079. Gehobenes Bed & Breakfast in der City. ⑤

Zimmervermittlung im Information Centre (s. S. 66) in der Metcalfe Street.

🏨 **The Eager Beaver,** 77 Clarence St., ☎ (613) 562-1222. Mit Ahornemblem und überdimensionalen Geldnoten tapeziertes Grillrestaurant. ⑤–⑤⟩⟩
Grand Central, 141 Georg St., ☎ (613) 241-2727. Steaks aus Alberta in Western-Atmosphäre. ⑤
Blue Cactus Bar & Grill, 2 By Ward Market, ☎ (613) 241-7061. Treff des jugendlichen Mittelalters. Küche des amerikanischen Südwestens. ⑤–⑤⟩

Unterhaltung: **Molly McGuire's,** 130 George St., irischer Folk Di–Sa ab 21 Uhr. **Sammy's Cellar,** 202 Sparks St., Live-Jazz Do–So ab 20 Uhr. **Cajun Attic,** 594 Rideau St., Do–So Blues und Rock in Louisiana-Atmosphäre.

Seite
67

Der schnellste Weg zurück nach **✱✱Montréal** (s. S. 31, ca. 1500 km) ist die Route 148.

❶ Parliament Buildings
❷ Confederation Square
❸ Sparks Street Mall
❹ Ottawa Locks
❺ By Ward Market
❻ National Art Gallery of Canada
❼ Nepean Point
❽ Rideau Hall

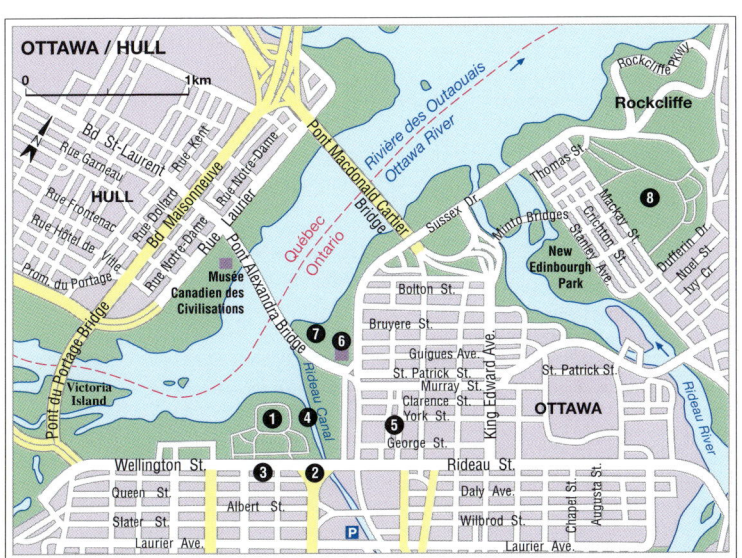

Route 4

Im Herzen der Provinz

** Montréal – Trois-Rivières –
** Parc national de la Mauricie – Lac
Saint-Jean – * Parc du Saguenay –
** Tadoussac – *** Québec (2030 km)

Anno Domini 1630. Im Kanu der
Huronen-Krieger sitzt ein blasser
Jesuit; stumm bestaunt er ein atem-
beraubendes Naturschauspiel, das sich
um ihn herum entfaltet. Diese und
viele andere eindrucksvolle Szenen
aus dem Kinofilm „Black Robe" wurden im Saguenay-Fjord gedreht, dem
südlichsten Fjord der Welt. Mit seinen
500 m hohen Felswänden und unzugänglichen Buchten gehört er zu den
landschaftlichen Höhepunkten der
Provinz. Doch auch das weitläufige
Bergland des Charlevoix vereint Natur
in einer Vielfalt und Kraft, daß bald
die rechten Worte fehlen: subarktische Flora, Karibuherden und die
höchsten Felswände östlich der Rocky
Mountains, eine atemberaubende
Küstenlinie und verträumte Dörfer mit
Aussicht. Nicht umsonst darf sich das
Charlevoix mit dem Titel UNESCO
World Biosphere Reserve schmücken.
Weitere Höhepunkte dieser Rundfahrt, für die Sie 5–7 Tage Zeit haben
sollten, sind der Parc national de la
Mauricie, einer der schönsten Nationalparks im Osten des Landes, der Lac
Saint-Jean und der Chemin du Roy,
die alte Königsstraße zwischen Ville
de Québec und Montréal.

Lange Jahrzehnte war der St.-Lorenz-
Strom die einzige Verbindung zwi-
schen den Siedlungen Neufrankreichs.
Erst 1737 wurde am Nordufer eine
Straße gebaut. Der *Chemin du Roy* ver-
kürzte die Reisezeit zwischen Montréal
und Québec auf drei Tage und regte die
Gründung zahlreicher Siedlungen an,

die sich den alten Charme Neufrankreichs bis heute bewahrt haben. Auf
dem Weg nach Trois-Rivières beste-
chen vor allem die Dörfer *Maskinongé*
(1020 Einw.) mit seiner schönen Kirche
und *Yamachiche* (2800 Einw.) mit alten
Steinhäusern. Der St. Lorenz weitet sich
in diesem Abschnitt zum 16 km breiten, nur 3 m tiefen * Lac Saint-Pierre
aus, dessen Schilf- und Sumpfgebiete
am Ufer ein Paradies für Amphibien,
Zug- und Watvögel sind.

🏠 **L'Auberge du Lac Saint-Pierre,**
1911, rue Notre-Dame, Pointe-du-Lac,
☎ (819) 377-5971, 📠 377-5579.
Gemütliche Auberge mit herrlichem
Blick auf den See. $–$$

Ökotourismus: Le Domaine du Lac
Saint-Pierre, Centre d'exploration
faunique, 75, Lac Saint-Pierre Est bei
Louiseville, ☎ (819) 297-2036.
Bootstouren mit Biologen zu Krani-
chen und Kormoranen.

Zwischenstation auf dem Chemin du
Roy ist das 1634 gegründete **Trois-
Rivières** (52 000 Einw., 145 km). Die
Stadt an der Mündung des Rivière
Saint-Maurice erwirtschaftete ihren
Reichtum mit den riesigen Wäldern des
Hinterlands und ist heute einer der
größten Hersteller von Zeitungspapier
in der Welt. Wie es produziert wird,
erklärt das *Centre d'exposition sur l'in-
dustrie des pâtes et papiers* am Ufer des
St. Lorenz (800, parc portuaire, 🕐 Juni
bis Sept. tgl. 9–18 Uhr). Industrielle
Techniken der Vergangenheit werden
im *Forges-du-Saint-Maurice* vor dem
Vergessen bewahrt; die 1730 gegründete erste Eisenhütte Kanadas ist heute
ein Freilichtmuseum (10 000, bd. des
Forges; 🕐 Mai bis Sept. tgl. 9.30 bis
17.30 Uhr).

Die Holz- und Papierindustrie von
Trois-Rivières holt sich ihren Roh-
stoff tief im Hinterland. Ein Teil der
viele hundert Kilometer weiter nördlich
geschlagenen Stämme gelangt nun
wie vor auf dem Rivière Saint-Maurice
in die Papierfabriken. In **Grand-Mère**
(14 000 Einw., 193 km) ist das wertvolle,

zu riesigen Flößen zusammengebunde-
ne Treibgut besonders gut zu sehen.

Eine Straße zweigt hier zum **** Parc
national de la Mauricie** ab. Durch sein
felsiges Terrain arbeitet sich eine 60 km
lange Panoramastrecke. Von herrlichen
Aussichtspunkten blickt man über die
menschenleere Weite des Kanadischen
Schilds und zahllose, in die Felsenlandschaft eingebettete Seen. Das schönste
der vielen Kanureviere des Parks ist
der langgestreckte *Lac Wapizagonke* mit
seinen Klippen, Wasserfällen und ver-
schwiegenen Sandstränden. An mehreren Seen verführen gut ausgestattete
Campingplätze und Kanuvermieter zu

*Unendliches Grün im Parc
national de la Mauricie*

ROUTE 4

4

Seite
69

einem längeren Aufenthalt. Einfache Hütten können über die Parkverwaltung gemietet werden.

❶ Parc national de la Mauricie, 794. 5e Rue, C. P. 758, bureau 117, Shawinigan, ☎ (819) 537-4555, 🖷 536-3661. Hüttenreservierung bei Info-Nature Mauricie, ☎ (819) 537-4555. ⌂ **Aux Berges du Saint-Maurice,** 2369, rue Principale, St-Jean-des-Piles, ☎ (819) 538-0227. Guter Ausgangspunkt für Tagestouren in den Nationalpark. Ⓢ–Ⓢ

Die Route 155 hinauf zum Lac Saint-Jean folgt dem Rivière Saint-Maurice bis nach La Tuque. Das Aussteigen lohnt sich bereits in **Grandes-Piles** (420 Einw.). Hier läßt das * *Village du bûcheron,* die Rekonstruktion eines Holzfällercamps um 1900, das harte Leben in den Wäldern Revue passieren (Juni bis Sept. tgl. 9.30–17 Uhr).

„Piekowagami" – „flacher See" nannten die Montagnais-Indianer den **Lac Saint-Jean.** Der 1048 km² große See, der eine schüsselähnliche Senke füllt, ist nur ganze 11 m tief. Der Waldläufer Jean Dequen stand 1647 als erster Weißer an seinen Ufern. Die Kolonisierung der Region erfolgte erst im 19. Jh. mit der Errichtung von Sägewerken, deren Arbeiter sich in Sichtweite ihres Arbeitsplatzes niederließen. Die meisten der Dörfer haben ihren ländlichen Charakter bewahrt und leben heute von Landwirtschaft und etwas Tourismus. Ihre Bewohner, traditionsbewußt und auf *Québec libre* eingeschworen, tragen den Spitznamen „Bleuets", nach den wilden Blaubeeren, die hier in Kuchen oder zu Marmelade und Likör verarbeitet auf den Tisch kommen.

Erste Station auf der 220 km langen Schleife um den See ist die Geisterstadt *Val-Jalbert (463 km).* 80 zum Teil verfallene Häuser und eine alte Mühle zu Füßen der 72 m hohen *Chutes Ouiatchouane* erinnern an die 1902 gegründete Siedlung, die dem Zellstoff eine kurze Blütezeit verdankte. Bis zu 50 t täglich wurden von den für die

Papierherstellung notwendigen Brei produziert. Die Arbeiter lebten in für damalige Verhältnisse unerhörtem Luxus: Ihre Häuser hatten Zentralheizung, die Straßen waren asphaltiert. 1927 stürzten die Preise ab, und die knapp 1000 Einwohner waren bald gezwungen, Val-Jalbert den Rücken zu kehren. Über die Ära der Siedlung informiert eine Ausstellung in der alten Mühle (Ⓒ Mai bis Okt. tgl 9–21 Uhr). Die ohrenbetäubend rauschenden Wasserfälle kann man entweder auf einer steilen Treppe mit 400 Stufen oder ganz bequem im Sessellift überwinden. Oben liegt dann der Lac Saint-Jean zu Füßen, ein unvergeßliches Stilleben aus Blau- und Grüntönen.

So mancher Besucher erreicht **Roberval** (12 000 Einw., 473 km) Ende Juli schwimmend. In dieser Zeit ist das Städtchen Ziel von Langstreckenschwimmern aus aller Welt. Die *Traversée internationale du Lac Saint-Jean* beginnt im Städtchen Péribonka am Nordufer. Der Rekord für die 32 km lange Marathonstrecke liegt bei knapp unter acht Stunden. **Mashteuiatsh** (1500 Einw.) ist das westlichste der neun Montagnais-Reservate in Québec. Die seit 6000 Jahren am See lebenden Kakouchack-Montagnais gehören zu den bestorganisierten Ureinwohnern Kanadas. In Kunsthandwerksläden bieten sie hochwertige eigene Produkte an. Im *Musée amérindien* haben sie an Hand von vielen traditionellen Artefakten das Erbe ihrer Väter dokumentiert (Ⓒ Juni bis Sept. tgl. 9–18, sonst 9.30–12 und 13.30–15.30 Uhr).

Am Westufer des Sees überrascht **Saint-Félicien** (9800 Einw., 505 km): Im * *Jardin zoologique* (2230, bd. du Jardin) sind nicht die Tiere, sondern die Menschen eingesperrt! Die Besucher werden in vergitterten Waggons durch ein Stück kanadische Wildnis gefahren und erhalten reichlich Gelegenheit zu Fototerminen mit Wölfen, Schwarzbären und Elchen in deren natürlicher Umgebung (Ⓒ Mai bis Sept. tgl. 9–17, im Juli bis 19 Uhr).

4

Seite **69**

Für einen Sprung ins auch im Sommer etwas kühle Naß eignen sich die herrlichen Sandstände im *Parc de la Pointe-Taillon* und in **Métabetchouan** (3400 Einw.) am besten. Wer lieber trocken bleibt, kann sich im *Centre d'interprétation de la Métabetchouan* in **Desbiens** (1380 Einw.) über die Kolonisierung der Region informieren.

🏠 **Auberge des Iles,** Saint-Gédéon, ☎ (418) 345-2589 und 1-800-680-2589, 📠 345-2683. Rustikales Ferienresort mit eigenem Badestrand. ⑤–⑤

Einziger Abfluß des Lac Saint-Jean ist der Rivière Saguenay, jener Fluß, von dem Jacques Cartier glaubte, er führe in das sagenumwobene „Royaume du Saguenay", eine Art kanadisches Dorado, in dem man Gold und Silber verborgen wähnte. **Chicoutimi** (64 000 Einw., 658 km), die größte Stadt an seinen Ufern, geht auf einen 1676 ge-

Die Chutes Ouiatchouane, zu deren Füßen die Geisterstadt Val-Jalbert vor sich hinschlummert

4

Seite **69**

Noch immer auf dem Holzweg

Der Startschuß für Kanadas Holzindustrie fiel, als sich das britische Empire Anfang des 19. Jhs. in Québec nach Holz für seine Flotte umzuschauen begann. Gefragt war in erster Linie die Kiefer: Aus ihrem gerade gewachsenen Stamm wurden Schiffsmasten und Stützbalken gehobelt. Die Urbanisierung in den USA eröffnete der Holzwirtschaft einen weiteren Markt, und gegen Ende des Jahrhunderts steigerten die amerikanischen Massenblätter die Nachfrage nach Zellstoff um ein Vielfaches.

Geschlagen wurde das Holz im Herbst und Winter. Bis zum Ende des 19. Jhs. war die Axt das einzige Werkzeug der *bûcherons,* der Holzfäller. In der Regel waren das arme Bauern, die sich im Winter bei den Holzfabrikanten verdingten und vier bis fünf Monate von ihren Familien getrennt in Camps tief in den Wäldern hausten. Zu Beginn des 19. Jhs. diente die typische Holzfäller-

unterkunft zugleich als Schlafraum, Küche und Speisesaal. Erst zur Jahrhundertwende gelangte mit Küchenbaracke und Kantine ein Hauch von Luxus in die Wälder.

An der Schwelle zum dritten Jahrtausend ist die inzwischen hochtechnisierte Forstwirtschaft nach wie vor eine Haupteinnahmequelle für Québec. Papier und verwandte Produkte belegen Platz 3, Holz Platz 12 der wichtigsten Exportgüter. Ob die Nachfahren der legendären Holzfäller das Kunststück vollbringen werden, konkurrenzfähig zu bleiben und zugleich die natürlichen Ressourcen zu schützen, wird schon die nahe Zukunft zeigen. Sie läßt leider nichts Gutes erahnen: Das Umweltbewußtsein in Kanada ist, gemessen an dem in Mitteleuropa, noch nicht sehr ausgeprägt, und die Vorstellung, daß selbst die riesigen Wälder im Hinterland nicht unerschöpflich sind, fällt vielen schwer.

gründeten Handelsposten zurück, der bis zum Beginn des 19. Jhs. das Nervenzentrum des Pelzhandels in der Region war. Ab 1842 setzten geschäftstüchtige Unternehmer Sägewerke in die Wildnis. Die offizielle Stadtgründung erfolgte noch im gleichen Jahr. Heute verdient Chicoutimi auch am Tourismus: Ausflugsdampfer entführen Besucher von hier aus in die Kulissen des ** Saguenay-Fjords, dicht vorbei an senkrechten Felswänden, naturbelassenen Buchten und auf schmalen Uferstreifen zusammengedrängten Dörfern. Höhepunkt der Bootstour ist das * Cap Trinité (s. rechts), ein 518 m über dem schwarzen Wasser aufragender Felsen, der um eine überdimensionale Marienstatue bereichert wurde.

Kreuzfahrten: Croisières La Marjolaine, Avenue Lafontaine, C. P. 203, Port de Chicoutimi, ☎ (418) 543-7630 und 1-800-363-7248.

Nächste Station am Saguenay-Fjord ist **La Baie** (21 000 Einw., 676 km). Die 1838 von der Kolonisierungsgesellschaft Société des Vingt-et-Un gegründete Industriestadt lebt von der Zellstoffverarbeitung und von ihrem Hafen, in dem Bauxit und Aluminium für die Hochöfen der Stadt umgeschlagen werden. Trotzdem wäre es falsch, einen großen Bogen um La Baie zu schlagen. Zum einen liegt es wunderschön am Ende der Baie des Ha! Ha! (der Name geht wahrscheinlich auf einen Ausruf des Erstaunens zurück), einer bereits Salzwasser führenden, von hohen Wänden umgebenen Bucht, zum anderen ist es in ganz Québec wegen seines Festspiels ** „La Fabuleuse Histoire d'un Royaume" berühmt. 200 Darsteller in 1500 Kostümen spielen jedes Jahr von Juni bis September die heroische Besiedlung der Saguenay-Region nach (❶ Palais municipal, 591, 5e Rue, ☎ 418/697-5151). Das farbenprächtige historische Spektakel wird ergänzt um das *Musée du Fjord,* das die Geschichte der Baie des Ha! Ha! dokumentiert (3346, bd. de la Grande-Baie; ◷ Mo–Fr 8.30–17, Sa, So 10–17 Uhr).

🏠 🏨 **Auberge des 21,** 621, rue Mars, La Baie, ☎ (418) 697-2121 und 1-800-363-7298, 🖷 544-3360. Hübsches Hotel mit Blick auf die Bucht. Raffinierte cuisine française. $

Zu Filmruhm kam der Fjord durch den 1990/91 vor Ort gedrehten Kinofilm „Black Robe". In einer Bucht bei **Saint-Félix-d'Otis** ließ Regisseur Bruce Beresford Samuel de Champlains Habitation de Québec nachbauen und von als Huronen und Franzosen verkleideten Statisten bevölkern. Die Kulissen blieben, als alles im Kasten war. Heute verbindet die *Site de tournage „Robe Noire"* einen stimmungsvollen Eindruck vom Leben um 1630 mit schönen Aussichten auf einen weitgehend unberührten Abschnitt des Saguenay (◷ Juni bis Sept. tgl. 9–17 Uhr).

Den schönsten Teil des Saguenay-Fjords schützt der 300 km² große * Parc du Saguenay. Ausgangspunkt zahlreicher Wanderwege ist das Parkzentrum bei *Rivière-Eternité,* das in einer stillen Bucht liegt und von zwei mächtigen Felsvorsprüngen bewacht wird. Der attraktivste Trail ist nur 3,5 km lang und arbeitet sich das 518 m hohe *Cap Trinité* hinauf. Von der Marienstatue in knapp 200 m Höhe präsentiert sich der Fjord in seiner ungezähmten Schönheit. Am Fuße des Kaps legt mehrmals täglich ein kleines Motorboot zu kurzen Fahrten in diesem dramatischsten Abschnitt des Saguenay ab. Da heißt es das Filmmaterial gut einteilen, denn auch **L'Anse-Saint-Jean** (1250 Einw.), ein architektonisches Schmuckkästchen aus traditionellen *maisons québécoises* (s. S. 18) am Ende der gleichnamigen Bucht, offeriert Fotomotive zuhauf. Die überdachte Brücke am Ortseingang ist auf dem kanadischen 1000-Dollar-Schein verewigt.

🏠 **Auberge du Jardin,** 71, bd. Dumas, Petit-Saguenay, ☎ (418) 272-3444. Gemütlicher Gasthof im Nachbarort von L'Anse Saint-Jean. $–$$

Farbkleckse in Grandes-Piles

🏠 🏠 **Auberge les 2 Pignons,** 117, bd. Dumas, Petit-Saguenay, ☎ (418) 272-3091. Hübsche *maison québécoise*, herzhafte Küche. Ⓢ–Ⓢ

Das hübsche ** **Tadoussac** (850 Einw., 843 km) gehört zu den besten Stellen für Walbeobachtung in Kanada. Zwischen Juni und Anfang Oktober tummeln sich Buckel-, Finn- und manchmal selbst Blauwale vor der Küste, angezogen vom Plankton- und Krillreichtum im Mündungsgebiet von Saguenay und St. Lorenz. Rund 500 Weißwale (Belugas) sind hier sogar seßhaft geworden.

Bevor Sie eines der speziell für die Walbeobachtung ausgerüsteten Boote besteigen, können Sie sich im *Centre d'Interprétation des Mammifères marins* näher über die Meeressäuger informieren. An Hand von Filmen und Schaubildern lernt man z. B., die Rücken- und Schwanzflossen der entsprechenden Walart zuzuordnen (108, rue de la Cale-Sèche; ⏰ Mitte Mai bis Ende Okt. tgl. 9–20 Uhr).

Nach dem Rendezvous mit den sanften Riesen kann man den Tag leise ausklingen lassen: im rekonstruierten *Poste de traite Chauvin* etwa, Kanadas erstem, bereits 1600 errichteten Handelsposten (⏰ Mai bis Okt. tgl. 9–21 Uhr), oder bei einem schönen Spaziergang. Die ausgeschilderten Wege * *Sentier Pointe de l'Islet* – die Promenade führt über Granitplatten am Ufer des St. Lorenz entlang – und * *Sentier Colline de l'Anse à l'Eau* versprechen beide wunderbare Aussichten über Fjord, Strom und Dorfidylle.

Unübersehbar: das berühmte * *Hôtel Tadoussac,* mit seinem leuchtend roten Dach Wahrzeichen, Aushängeschild und natürlich auch Kulisse für zahlreiche Hollywoodfilme, darunter „Hotel New Hampshire" nach dem Bucherfolg von John Irving.

🏠 **Hôtel Tadoussac,** 165, rue Bord de l'Eau, Tadoussac, ☎ (418) 235-4421 und 1-800-361-6162, 🖷 235-4607. Traditionsreiches Grandhotel mit perfektem Service. ⓈⓈ

Da bläst er!

Das Boot treibt mit abgestelltem Motor in der Dünung. An Bord ist es mucksmäuschenstill. Augen werden zusammengekniffen, Fotoapparate in Anschlag gebracht. Dann, plötzlich: bei „neun Uhr" schießt in rund 150 m Entfernung eine Atemfontäne in die Luft, kurz darauf teilt ein mächtiger dunkler Rücken das Wasser, gefolgt von einer markanten Rückenflosse. Dicht daneben noch eine Fontäne und noch eine! Eine kleine Gruppe von Finnwalen, über 20 m lange und 50 t schwere Riesen, die im Mündungsgebiet des Saguenay kreuzen. Drei Tonnen Krill und Plankton braucht jedes dieser eleganten Tiere pro Tag, um seinen Hunger zu stillen. Jetzt schwimmen die drei zum allgemeinen Entzücken direkt auf das Boot zu – und sind plötzlich verschwunden. Finnwale tauchen zwischen 5 und 20 Minuten, steht in der Broschüre des Veranstalters. An Bord herrscht wieder Totenstille. Dann, unmittelbar vor dem Bug, keine 20 m entfernt, tauchen die drei prustend und tief schnaufend wieder auf. Es sind zwei ausgewachsene Finnwale und ein Jungtier, das sich dicht an seine Mutter drückt. Sie tauchen soweit aus dem Wasser, daß man ihr Atemloch und die Barten in den weitgeöffneten Mäulern, ja sogar die auf der dunklen Haut festsitzenden Muscheln sehen kann. Manche an Bord vergessen vor Aufregung zu fotografieren. Noch lange, nachdem die Herrscher der Meere verschwunden sind, starren viele gebannt auf das Wasser. Als das Boot wieder Kurs auf Tadoussac nimmt, verschwindet die Sonne hinter dem Kanadischen Schild. Ein nicht alltägliches Rendezvous ist zu Ende.

Hôtel – Motel Le Beluga,
191, rue des Pionniers, Tadoussac, ☎ (418) 235-4784, 🖷 235-4295. Gemütliche Herberge mitten im Ort. (⑤)–(⑤)

Walbeobachtung: Croisières Navimex, 175, rue des Pionniers, ☎ (418) 237-4274. Im Dampfer zu den Walen. Auch Kreuzfahrten im Saguenay-Fjord. – La Compagnie de la Baie de Tadoussac, 145, rue Bord de l'Eau, ☎ (418) 235-4548. Im Schlauchboot mit den Walen auf Augenhöhe.

Rundflüge: Aviation du Fjord, 231, rue des Pionniers, ☎ (418) 235-4640.

Steil aufragende Klippen am Fjord des Saguenay

In **Saint-Siméon** (1540 Einw., 879 km), hoch über dem St.-Lorenz-Strom, kreuzen sich die Fernverkehrsstraßen: aus Québec-Stadt, aus der Saguenay-Region und der fernen Côte-Nord. Zudem legt zu Füßen des Steilhangs die Autofähre nach Rivière-du-Loup (s. S. 78) am Südufer des St. Lorenz ab. Die Route 138 strebt entschlossen nach Südwesten, wobei sie teils hoch über dem Strom auf der Kante des Kanadischen Schilds balanciert, teils ein Stück landeinwärts durch Kiefernwälder und Felsenlandschaften verläuft. In ***Port-au-Persil,** einem idyllischen Dörfchen mit anglikanischem Kirchlein und einem in den St. Lorenz stürzenden Wasserfall, gibt das ****Charlevoix** in eindrucksvoller Weise seine erste Visitenkarte ab. **Cap-à-l'Aigle** (760 Einw.), **La Malbaie** (3970 Einw.) und vor allem ***Pointe-au-Pic** (950 Einw.) wurden im 19. Jh. von begüterten Montréalern und Amerikanern für die Sommerferien entdeckt. Herrschaftliche Residenzen und vor allem das schloßartige Nobelhotel *Manoir Richelieu* in Pointe-au-Pic erinnern an die Zeit, als Müßiggang das Privileg einer reichen Oberschicht war.

Kleines Idyll im herbstlichen Charlevoix

🏨 **Manoir Richelieu,** 181, rue Richelieu, Pointe-au-Pic, ☎ (418) 665-3703 und 1-800-463-2613, 🖷 665-3093.

Bleibt garantiert in Erinnerung: die Begegnung mit einem Wal

4

Seite **69**

Erschwingliches Grandhotel mit Kasino hoch über dem Strom. $⑤–⑤⟩
ⓗ ⓐ **Auberge des Falaises,** 18, chemin des Falaises, Pointe-au-Pic, ☎ (418) 665-3731 und 1-800-386-3731, 🖷 665-6194. Mit traditionellen Möbeln eingerichtete Zimmer, hervorragende Küche. $⑤–⑤⟩⟩

La Malbaie ist Ausgangspunkt für Touren in den 230 km² großen ****Parc régional des Hautes-Gorges** (955 km). Hier hat der Rivière Malbaie eine über 800 m tiefe, V-förmige Kerbe in das Felsgestein gefressen und Wanderern und Kanuten ein herrliches Outdoor-Revier mit den höchsten Felsen östlich der Rocky Mountains hinterlassen. Mehrere Trails durchziehen den Park kreuz und quer. Der schönste steigt vom Informationszentrum aus auf das Hochplateau hinauf und durchmißt dabei vom Mischwald bis zur Tundra alle Vegetationszonen Kanadas. Ein kleines Ausflugsboot schippert Besucher durch die imposante Felsenlandschaft, und auch Kanus werden beim Besucherzentrum bereitgehalten.

❶ Parc régional des Hautes-Gorges, c/o atr Charlevoix, 630, bd. de Comporté, La Malbaie, ☎ (418) 665-4454, 1-800-667-2276, 🖷 665-3811.

Das am Hang über dem Strom klebende **Sainte-Irénée** (750 Einw.) und **Les Eboulements** (1000 Einw.) sind weitere fotogene Vorzeigedörfer.

Arg auf die Probe gestellt werden die Bremsen bei der steilen Abfahrt in die verschlafene Idylle von ***Saint-Joseph-de-la-Rive** (230 Einw., 1027 km). Einst liefen hier robuste Holztransportschiffe vom Stapel, die *voitures d'eau*. Drei der alten Schoner sind in der *Exposition maritime* (🕙 Mai bis Okt. tgl. 10–16 Uhr) zu bewundern. Wer weiß, wie schön Papier sein kann, sollte der ***Papeterie Saint-Gilles** schräg gegenüber einen Besuch abstatten. Mit Techniken des 17. Jhs. wird hier wildblütenversetztes Qualitätspapier hergestellt – ein schönes Mitbringsel für daheim, sofern man sich davon trennen kann

(🕙 tgl. 9–17 Uhr). Eine Autofähre verbindet Saint-Joseph mit der vorgelagerten ***Ile-aux-Coudres** (1400 Einw.); die efeuumrankten Steinhäuser und alten Mühlen des Inselchens verführen so recht dazu, die Seele baumeln zu lassen.

ⓗ **Hôtel Motel La Roche Pleureuse,** 272, rue Principale, La Baleine, Ile-aux-Coudres, ☎ (418) 438-2734 und 1-800-463-6855, 🖷 622-8346. Rustikale Gemütlichkeit und Volksmusik am Abend. Radverleih. $⑤–⑤

Innehalten heißt es auch am Aussichtspunkt an der Route 138, hoch über ***Baie-Saint-Paul** (7300 Einw., 1043 km). Bunte *maisons québécoises* scharen sich um silbern glänzende Kirchtürme, sanft umgeben von grünen Weiden, den Blick weit geöffnet zum St.-Lorenz-Strom. Seit über 100 Jahren ist hier eine Künstlerkolonie produktiv, zu der auch Clarence Gagnon (s. S. 20) und René Richard zählten, der mit der Group of Seven in Ontario befreundet war. Das ***Centre d'Art de Baie-Saint-Paul** und das *Centre d'Exposition* (🕙 beide tgl. 9–17 Uhr) gegenüber sowie neun hervorragende Galerien sind denn auch entsprechend ausgestattet. Wer in der Szene zu Hause ist, entdeckt in den hübschen Künstlercafés an der Rue Ambroise-Fafard bekannte Gesichter.

Ein Vergnügen anderer Art bietet der 310 km² große **Parc des Grands-Jardins** 50 km landeinwärts. Seine subarktische Fauna und Flora würde man eigentlich nur in Nord-Québec vermuten. Bekannt ist der Park vor allem für seine Karibuherde. Schöne Wanderwege beginnen an den Besucherzentren *Château Beaumont* und *Pied-des-Monts* und berühren alle Vegetationszonen Kanadas.

❶ Parc des Grands-Jardins, 9530, rue de la Faune, Charlesbourg, ☎ (418) 622-5151, 🖷 622-3014.

Die an Ville de Québec grenzende **Côte-de-Beaupré** kündigt sich mit ei-

nem nach und nach breiter werdenden Uferstreifen an. Bereits um 1620 war sie besiedelt und ist somit Kernland der Provinz und traditionelles Naherholungsgebiet von Ville de Québec. In der *Réserve nationale de faune du Cap-Tourmente* rasten im April und Oktober Zehntausende von Schneegänsen.

Der **Parc du Mont Ste-Anne** wechselt mit den Jahreszeiten auch die Zielgruppe: Im Winter dient er den Skifahrern der Hauptstadt als Wintersportparadies, im Sommer ziehen seine 200 km Trails vor allem die Mountainbiker an. Die Fahrt mit der Gondel der Station Mont-Ste-Anne hinauf zur Bergspitze belohnt mit einem unvergeßlichen Blick auf den mächtigen St.-Lorenz-Strom. Von hier oben sind auf der Ile d'Orléans lange Felderstreifen gut erkennbar, Relikte des Seigneurialsystems in Neufrankreich: Der adlige Großgrundbesitzer, der *seigneur,* verpachtete sein Land in bis zu 300 m langen und 50 m breiten Streifen an arme Bauern. Da ein Ende ihres Feldes entweder eine Straße oder den St.-Lorenz-Strom berührte, hatten die *habitants* eine Verkehrsverbindung direkt vor der Haustür. Auch **Sainte-Anne-de-Beaupré** (5000 Einw.) ist vom Mont Ste-Anne gut zu erkennen. Die gleichnamige Basilika mit den 90 m hohen Türmen wird seit 1934 von über 1,5 Mio. Pilgern pro Jahr besucht.

Abruptes Ende des Kanadischen Schildes: die tosenden Chutes de Montmorency

Seite 69

Das ganz andere Kunsterlebnis: in einer Galerie in Baie-Saint-Paul

Mit den ***Chutes de Montmorency** läuft der Kanadische Schild kurz vor Ville de Québec ein letztes Mal zur Höchstform auf. Über eine Abbruchkante stürzt der Rivière Montmorency 83 m in die Tiefe. Nur 450 m weiter fließen sie unter der Autoroute 440 hindurch dem St.-Lorenz-Strom zu. Eine alte Zahnradbahn rasselt zu einer Aussichtsplattform hinauf, deren Promenade einen schönen Ausblick auf die Fälle und die Provinzhauptstadt (s. S. 43, 2030 km) eröffnet.

Die Küste bei Sainte-Irénée

Route 5

Tausend Kilometer Küste

*** Québec – ** Côte-du-Sud – ** Gaspé-Halbinsel – (** Iles-de-la-Madeleine –) *** Québec (1570 km)

Ein Strom, der zum Golf wird. Robben und Kormorane, Papageientaucher und die größte Baßtölpel-Kolonie Kanadas. Walbeobachtung von hohen Felsennestern aus. Der einzige Naturpark in Amerika, in dem Hirsche, Elche und Karibus am gleichen Tag beobachtet werden können. Inseln mit einsamen Sandstränden und Hummer zu Schleuderpreisen. Akadier, Loyalisten und Ureinwohner, Québécois mit baskischen Namen und irischem Zungenschlag. Genügt das für eine abwechslungsreiche Urlaubsfahrt? Eine Woche Zeit sollte man aber mitbringen, denn schließlich gehören die Côte-du-Sud und die Gaspé-Halbinsel zu den schönsten Landschaften Québecs. Und wer sich dem Zauber der Iles-de-la-Madeleine aussetzen will, sollte besser ein paar Tage drauflegen.

Erstes Etappenziel ist **Montmagny** (12200 Einw., 53 km). Die Stadt gehört wie das Cap-Tourmente (s. S. 77) zur Schutzzone für Zehntausende Schnee- und Kanadagänse, die im Frühjahr und Herbst hier rasten. Das ** Centre éducatif des Migrations* (53, rue du Bassin Nord, ◔ Mai bis Okt. tgl. 10–18 Uhr) führt indes nicht nur in die Verhaltensweisen dieser Zugvögel ein, sondern auch in die düstere Geschichte der ** Grosse-Ile*. Die Insel im Strom steht für ein dramatisches Kapitel in der Historie Kanadas. Von 1832–1937 diente sie als Quarantänestation für 4 Mio. Einwanderer. Zehntausende, vor allem aus Irland, starben zwischen 1840 und 1850 in dem Nadelöhr an der Cholera. Was die Einwanderer bis zum ersten Landgang auf dem Festland durchzustehen hatten, macht eine Führung durch die Anlage bewußt (◔ Mai bis Okt. tgl. 10–18 Uhr). Erreichbar ist Grosse-Ile per Boot ab Montmagny.

Auf der Nachbarinsel *Ile-aux-Grues* hingegen regiert die fröhliche Gegenwart: Hier laden zwei Gasthöfe zu einem beschaulichen Tagesende ein.

🅰 **Office du tourisme de la Côte du Sud**, 301, bd. Taché Est, Montmagny, ☎ (418) 248–9196.
🏨 🏠 **Manoir des Erables**, 220, bd. Taché Est, Montmagny, ☎ (418) 248-0100 und 1-800-563-0200, 📠 248-9507. Viktorianische Residenz, feinste Küche. Ⓢ–ⓈⓈ
Auberge des Dunes, C. P. 55, Ile-aux-Grues, ☎ (418) 248-0129. Gemütliche Herberge mit Radverleih. Ⓢ
Wassertaxi: Taxi des Iles, Quai de Montmagny, ☎ (418) 248-2818. Shuttleservice zwischen Montmagny, Grosse-Ile und Ile-aux-Grues.

Workshops, Kunsthandwerksläden und Galerien säumen in ** Saint-Jean-Port-Joli* (3700 Einw., 90 km) die Route 132, und im *Musée des Anciens Canadiens* sind die Arbeiten der berühmtesten Töchter und Söhne der Stadt ausgestellt (◔ Mai bis Okt. tgl. 9–17 Uhr). Den ausgeprägten Sinn der Québécois für hübsche Details kann man auch in ** Kamouraska* (760 Einw.) bewundern. Geradezu niedliche *maisons québécoises* mit dem hier erfundenen, über die Veranda hängenden Kamouraska-Dach und vor allem die herrschaftliche *Domaine Seigneurial Taché* halten den Blick bei einem Spaziergang durch die engen Straßen gefangen.

Dank der Fähre nach Saint-Siméon und der Route 185 in die Atlantikprovinzen ist **Rivière-du-Loup** (16 000 Einw., 189 km) eine bedeutende Schaltstelle im Güter- und Personenverkehr. Residenzen aus dem 19. Jh. erinnern an eine vergessene Blütezeit, aber Hauptgrund für einen längeren Aufenthalt sind die Inseln draußen im Strom. Dreizehenmöwen, Kormorane und Papageientaucher bevölkern die Felsen der **** Iles Pélérins,** vor denen sich Weißwale (Belugas) und Sattelrobben tummeln. Die von Wissenschaftlern geführte Société Duvetnor, Besitzerin der kleinen Eilande, sorgt dafür, daß dies so bleibt. Ihre Biologen führen Besucher in kleinen Gruppen durch die ungestörten Biotope. Die Übernachtung in dem historischen Leuchtturm auf der *Ile du Pot à L'Eau-de-Vie,* scheinbar Lichtjahre von der Zivilisation entfernt, gehört zu den Höhepunkten einer Québec-Reise – dringend vorbuchen!

Ökotourismus: Société Duvetnor, C. P. 305, 200, rue Hayward, Rivière-du-Loup, ☎ (418) 867-1660, 🖷 867-3639.

Grüne Matten und die blaue Weite des Stroms: Auch ***Cacouna** (2000 Einw.) wußte im 19. Jh. den Montréalern zu gefallen. Bankiers und Brauereibesitzer gaben den Bau von standesgemäßen Sommerhäusern in Auftrag und ermahnten die Architekten wohl deutlich, nur ja den Nachbarn zu übertrumpfen.

In **Bic** (3100 Einw., 280 km) erhält der Blick auf den St. Lorenz einen besonders schönen Rahmen: Runde Felseninseln, an denen bis zu 5 m hohe Gezeiten nagen, in der Sonne glitzernde Priele, die zu Wattwanderungen einladen, und der sich 350 m über den Strom erhebende Pic Champlain machen den 33 km² großen **Parc du Bic* zu einem angenehmen Stopover. Besonders Unternehmungslustige können hier mit dem Kajak zur Robbenkolonie in der *Anse à l'Orignal* paddeln.

❶ Parc du Bic, 365, bd. Sainte-Anne, Pointe-au-Père, ☎ (418) 722-3779, 🖷 (418) 723-3119. Camping. 🏨 🏨 **Auberge du Mange-Grenouille,** 148, rue Sainte-Cécile, Bic, ☎ (418) 736-5656, 🖷 736-5657. Urgemütliche Auberge mit Fin-de-siècle-Dekor. Ⓢ

Das Cap-Tourmente ist ein wichtiges Etappenziel für Zugvögel

Erinnerung an das Schicksal der Einwanderer: auf der Grosse-Ile

Typische maisons québécoises geben Kamouraska seinen Reiz

5

Seite **81**

Kajakvermietung: Kayak Aventure, Marina du Bic, C. P. 187, Rimouski, ☎ (418) 723-0160. Rüstet auch mehrtägige Expeditionen aus.

Rimouski (33 000 Einw., 299 km) ist die Hauptstadt der Region Bas-Saint-Laurent und Anlegestelle der Autofähren nach der Côte-Nord. Ein eleganter Leuchtturm weist den Weg zum *Musée de la Mer* in **Pointe-au-Père** (4000 Einw.) nördlich von Rimouski. Im vorelektronischen Zeitalter stiegen hier die Lotsen zu, die die Ozeanriesen sicher zu den Großen Seen geleiteten, auf daß es ihnen nicht so ergehe wie der „Empress of Ireland". 1914 sank das Schwesterschiff der „Titanic" mit über 1000 irischen Einwanderern an Bord nicht weit von der Küste. Die im Museum ausgestellten Baupläne, Fotos und Wrackteile sind alles, was noch an die Tragödie erinnert (◷ Mitte Juni bis Mitte Sept. tgl. 9–18 Uhr).

Die ****Gaspé-Halbinsel** ist zwar so groß wie die Schweiz, versteckt viele ihrer landschaftlichen Reize aber in ihrem nahezu unzugänglichen Innern. Nur an den Rändern haben sich Siedlungen etabliert, dann und wann erlaubt eine einsame Straße einen Blick

ins wilde Bergland. Die 1000 km lange *tour de la Gaspésie* entlang der Küste beginnt in **Sainte-Flavie** (1000 Einw., 335 km). Hier informiert das *＊Centre d'Interprétation du Saumon Atlantique* über den Zug der Lachse. An einer Lachsleiter kann man die zielstrebigen Schwimmer beobachten (🕐 Juni bis Sept. tgl. 9–17 Uhr).

Keine kraftvollen Meeresbewohner, sondern zierliche Goldfische bevölkern die Teiche der *Jardins de Métis*, einem Garten Eden in der immer herber werdenden Landschaft (200, route 132; 🕐 Juni bis Sept. tgl. 8.30–20 Uhr). Elsie

Blick auf Bic, einen der vielen kleinen Orte am St. Lorenz

5

Seite **81**

ROUTEN 5 UND 6

0   100 km

Reford, die reiche Schöpferin dieses Shangri-La, verkehrte mit ihresgleichen in **Métis-sur-Mer** (240 Einw.), heute eine nostalgisch stimmende Ansammlung herrlicher Chalets unter mächtigen Ulmen. Das nächste Etappenziel heißt **Matane** (12 800 Einw., 399 km), was in der Sprache der Micmac-Indianer soviel wie „Bibersee" bedeutet. Heute stehen aber eher Meeresbewohner wie Lachse und Krabben im Mittelpunkt, denn Matane ist Québecs *capitale de la crevette,* und das jeden Sommer stattfindende *Festival de la crevette* zieht sogar die gaumenverwöhnten Montréaler an.

Ⓗ Ⓡ **Hôtel Motel Belle Plage,** 1310, rue Matane-sur-Mer, Matane, ☎ (418) 562-2323, 📠 562-9524. Modernes Motel (Ⓢ), Restaurant mit herrlichem Blick über den St. Lorenz (Ⓢ–Ⓢ).

Hinter Cap-Chat tauchen zum ersten Mal die **** Monts Chic-Choc** auf – heiter bei Sonnenschein, düster bei Regen, aber stets fotogen. In **Sainte-Anne-des-Monts** (5700 Einw., 488 km) zweigt die Route 299 von der 132 ab, um sich durch die engen Täler der über 1000 m aufragenden Berge zu winden. Im Herzen der Chic-Chocs liegt der 800 km² große **** Parc de la Gaspésie,** eines der schönsten Naturschutzgebiete im Osten Kanadas. Die höchsten Gipfel, der Mont-Jacques-Cartier und der Mont-Albert, erreichen zwar nur 1268 und 1154 m, aber mit ihren kahlen Hochplateaus, auf denen bis Mitte Juni noch Schnee glitzert, wirken sie wie veritable Zweitausender. Wer Glück hat, kann hier an einem Tag zugleich Virginiahirsche, Elche und Karibus sehen. Anspruchsvolle Trails, manche davon über 100 km lang, ziehen sich kreuz und quer durch den Park, vorbei an klaren Seen und Gebirgsbächen. Vorsicht: selbst ein technisch einfacher Weg wie der steile 17-km-Trail hinauf zum Mont-Albert erfordert einiges an Kraftaufwand und Kondition. Das einzige Hotel im Park ist die Auberge-Gîte du Mont-Albert, eine weiße Insel im grünen Meer. Naturburschen geben sich mit den Campingplätzen zufrieden. Die Hütten entlang der Trails können bei der Parkverwaltung reserviert werden. Als Stützpunkt für Tagestouren bieten sich die B&Bs im 40 km entfernten Sainte-Anne-des-Monts an.

❶ Parc de la Gaspésie, 10, bd. Sainte-Anne-Ouest, C. P. 550, Sainte-Anne-des-Monts, ☎ (418) 763-3301, 📠 763-7810.

Ⓗ Ⓡ **Auberge-Gîte du Mont-Albert,** Route 299, Sainte-Anne-des-Monts, ☎ (418) 763-2288, 📠 763-7803. Modern, aber stimmungsvoll. Gutes Restaurant. Ⓢ

Ⓗ **Chez Marthe-Angèle,** 268, 1ère Av. Ouest, ☎ (418) 763-2692. B&B in Sainte-Anne-des-Monts. Ⓢ

Der Abschnitt zwischen **Tourelle** und **Gaspé** ist der schönste während der Gaspé-Rundfahrt. Die steil aufragenden Monts Chic-Choc übernehmen nun vollends die Regie und lassen den Dörfern nur noch einen handtuchbreiten Uferstreifen. Rechts springen Flüsse aus dem Inselinnern über hohe Felskanten fast vor das Auto, links donnern die Wogen des St.-Lorenz-Golfs auf den steinigen Strand. So abenteuerlich wie die Geographie ist auch die Besiedlungsgeschichte: Wer hier lebt, stammt oft vom Schiffbrüchigen ab, heißt Da Silva, Alvarez oder Macintosh und spricht ein Québécois, das man selbst in Montréal nur mit Mühe versteht. Farbe in die machtvolle Felsenkulisse bringen die bunten Holzhäuser und Leuchttürme. Besonders schön ist der von *** La Martre** (340 Einw., 515 km), ein achteckiger, knallroter Blickfang aus dem Jahre 1906. In seinem Innern informiert er über die Leuchttürme des St.-Lorenz-Stroms (🕐 Juni bis Sept. tgl. 9–17 Uhr).

Mont-Saint-Pierre (270 Einw., 572 km) liegt zu Füßen eines gewaltigen natürlichen Amphitheaters aus fast senkrecht ansteigenden Felswänden. Von den Plateaurändern 400 m über dem Dorf stürzen sich Drachenflieger aus aller Welt in das blaue Nichts. Von

Juni bis September herrschen hier für die Vogelmenschen die besten Wind- und Wetterbedingungen.

Holzhäuser, die sich an den nackten Fels klammern, windschiefe Piers, schreiende Möwen: Der aus drei Gemeinden bestehende Fischerort **Saint-Maxime-du-Mont-Louis** (1600 Einw.) bietet neufundländische Atmosphäre. Reizvolle Fotomodelle sind auch das Nest **Gros-Morne** am Rande mächtiger Klippen und **Grande-Vallée** (1400 Einw.) mit seinen Kais und Kuttern. Über die derzeit nicht rosige Lage der Fischerei kann man sich im *Centre d'interprétation des pêches contemporaines* in **Rivière-au-Renard** (1500 Einw., 685 km) ein Bild machen. Die Bilder von der kanadischen Küstenwacht, die spanische Fischtrawler aufbrachte, gingen 1995 um die Welt. Die Wahrheit ist, daß europäische Fangflotten, v. a. von der Iberischen Halbinsel, die Ostküste Kanadas dramatisch überfischen. Fangquoten, festgesetzt, um den Fischarten die Möglichkeit zur Regeneration zu geben, lassen sie kalt, solange sie sich hinter ihren Regierungen verstecken können (☉ Juni bis Sept. tgl. 8.30 bis 17 Uhr). Das *Manoir LeBoutillier* in **L'Anse-au-Griffon** (650 Einw.) hingegen erinnert an die Zeit, als es noch Fisch in Hülle und Fülle gab. Hausherr des aus Wrackteilen erbauten Prachtstücks war ein *jerseyman* namens John LeBoutillier, der um 1840 als ungekrönter Kabeljau-König hunderte von Fischern auf seiner Gehaltsliste führte und gemeinsam mit der ebenfalls von den Jersey-Inseln stammenden Robin-Familie (s. S. 86) die Fischindustrie der Gaspé-Halbinsel monopolisierte (☉ Juni bis Sept. tgl. 8–21 Uhr).

In **Cap-des-Rosiers** (400 Einw., 711 km) steht der höchste Leuchtturm Kanadas. Der 37 m hohe Wächter wurde 1858 nach einer Serie von Havarien vor der Küste gebaut. Der Ort ist das Tor zum

Hübsches Chalet in der alten Sommerfrische Métis-sur-Mer

Winterliches Vergnügen in den Monts Chic-Choc

Seite 81

Verarbeitung zu Trockenfisch in Rivière-au-Renard

245 km² großen **Parc national de Forillon,** einem der schönsten Nationalparks des Landes. Hier verabschieden sich die Appalachen mit ins Meer stürzenden Kreideklippen aus Québec. In den Kiefern- und Zedernwäldern im zerklüfteten Innern hausen Schwarzbären und Elche, an der felsigen Nordküste schießen Kormorane torpedogleich in die Fluten, und die Marschen der Südküste bevölkern Seeschwalben und zahlreiche Watvogelarten. Ein besonders schöner Trail führt über das rekonstruierte Fischerdorf *Grande-Cave* hinaus zum *Cap-Gaspé,* von wo man Wale beobachten kann. Von Biologen begleitete Bootstouren stechen beim Besucherzentrum bei Cap-des-Rosiers in See. Als Stützpunkte für Tagestouren in den Park bieten sich die B&Bs in den angrenzenden Ortschaften an.

❶ Parc national de Forillon, 122, bd. Gaspé, Gaspé, ☎ (418) 368-5505, 🖷 368-6837. Campingplatzreservierung ☎ 368-6050.
🏠 **Hôtel Motel Le Pharillon,** 1293, bd. Cap-des-Rosiers, Cap-des-Rosiers, ☎ (418) 892-5200, 🖷 892-5832. Modern und preiswert. Ⓢ–ⓈⓈ
Gîte du Levant, 1626, bd. Forillon, Cap-aux-Os, ☎ 🖷 (418) 892-5814. B&B in einem hübschen Holzhaus mit Blick auf die Baie de Gaspé. Ⓢ–ⓈⓈ

„Gespeg" – „Ende des Landes" nannten die Micmac-Indianer die Gaspé-Halbinsel. In der Bucht von **Gaspé** (16 400 Einw., 749 km) nahm Jacques Cartier am 24. Juli 1534 Kanada für König François I in Besitz. Gegen Ende des 18. Jhs. ließen sich englische Siedler hier nieder und brachten es mit dem Walfang zu einem gewissen Wohlstand. Das *Musée de la Gaspésie* und sechs Jacques Cartier gewidmete Stelen an seinem Eingang erinnern an diese Blütezeit der Stadt (80, bd. Gaspé, ◷ Juni bis Nov. tgl. 9–17 Uhr).

Abstecher

Wie wäre es zur Halbzeit der *tour de la gaspésie* mit einem ganz anderen Stück Québec? Der kleine Flughafen von Gaspé ist das Sprungbett für einen Trip auf die **Iles-de-la-Madeleine** im St.-Lorenz-Golf. Wer hier, an der Schwelle zum kalten Nordatlantik, eine Handvoll frierender Insulaner auf ein paar nackten Felsen erwartet, wird angenehm enttäuscht. Der 200 km vom Festland entfernte Archipel verzeichnet die meisten Sonnentage der Provinz und vereint sage und schreibe 300 km Sandstrand. 1534 von Jacques Cartier entdeckt, wurde er nach 1755 von Akadiern auf der Flucht vor den Briten besiedelt. Vom *Butte du Vent,* der höchsten Erhebung, geben die sanft grünen, sanft hügeligen, von Dünen miteinander verbundenen Inseln ihre ganze Schönheit preis: Havre-Aubert, Cap-aux-Meules, Havre-aux-Maisons, Ile-aux-Loups, Grosse-Ile und Grande-Entrée schmiegen sich aneinander wie Schwestern, die sich nachlässig mit einem Teppich aus gelbem Sand umhüllen. Die 15 000 *madelinots* haben ihre knallbunten Häuschen auf grüne Matten gesetzt. Den Québécois gelten die Inseln als Freizeit- und Feinschmecker-Paradies. Ausrüster bieten Tauchtouren in Grotten, Reitferien und Hochseeangeln an und verleihen Mountainbikes, Kajaks und Surfbretter. Gute Hotels und gemütliche B&Bs sind auf Besucher bestens vorbereitet. Oben auf der Speisekarte steht Hummer: 7,5 t werden pro Saison aus dem Meer gehievt, darunter Brocken von 6 kg, die zu Spottpreisen serviert werden. Im Winter verwandeln sich die vom Eis eingeschlossenen Inseln in einen Seehund-Kindergarten: Ende Februar bringen mehrere hunderttausend Sattelrobben ihre Jungen zur Welt, ein Schauspiel, das Naturfreunde aus aller Welt anlockt. Ihr Interesse rettet den Heulern das Leben – und sichert den Fischern einen wichtigen Nebenverdienst.

❶ Cap-aux-Meules, ☎ (418) 986-2245, 🖷 986-2327.

🏠 **Hôtel Château Madelinot,** 323, route 199, C. P. 265, Cap-aux-Meules, ☎ (418) 986-3695 und 1-800-661-4537, 🖷 986-6437. Erstes Hotel am

Platz. Veranstalter der Robbentouren. ⑤–⑤⑤
🏠 🏠 **Auberge La Marée Haute,** 25, chemin des Fumoirs, Havre-Aubert, ☎ (418) 937-2492. Urgemütlich, mit Meeresblick. Der Hausherr, ein hochdekorierter Koch aus Montréal, bewirtet seine Gäste selbst. ⑤–⑤, Restaurant ⑤
🏠 **La P'tite Baie,** 187, route 199, Havre-aux-Maisons, ☎ (418) 969-4073. Frische Meeresfrüchte, gemütlich. ⑤–⑤

Eine bizarre Küste hat das Meer an den Iles-de-la-Madeleine geformt

Missionare, Fischer, Künstler, Touristen: **** Percé** (4000 Einw., 824 km) hat stets Menschen angezogen. Nicht nur die herrliche Lage trug dazu bei, auch der *Rocher Percé*, ein 438 m langer und 88 m hoher Klotz, der irgendwann vom Festland abbrach und nun wie ein einsamer Wächter vor der Bucht liegt. Das knapp 30 m hohe Loch hat die Zeit in den Riesenstein gefressen. Bei Ebbe kann er zu Fuß erreicht werden, aber

Im Parc national de Forillon

5

Seite 81

Zum Knuddeln?

Für Tierschützer sind sie heilige Kühe, für die einheimischen Fischer gefährliche Schädlinge, die die Fischgründe nachhaltig dezimieren. Seitdem Bilder vom blutigen Tagwerk der Robbenschlächter um die Welt gingen und Greenpeace und Brigitte Bardot erfolgreich gegen das brutale Handwerk zu Felde zogen, hat der Naturschutz sein Symboltier: das niedliche weiße Robbenbaby mit den unschuldigen Knopfaugen. Doch Vorsicht: auf den Iles-de-la-Madeleine ist das Thema ein Minenfeld, in dem man leicht danebentritt. Mit dem Verbot der Robbenjagd verloren die Fischer einen wichtigen Zusatzerwerb. Einige haben aus der Not eine Tugend gemacht und veranstalten nun Robbenbeobachtungstouren ins Eis. Nun aber hat die kanadi-

sche Regierung wieder eine begrenzte Stückzahl der Tiere zur Jagd freigegeben und der Streit ist aufs neue entbrannt. Fest steht, daß Sattelrobben keineswegs eine bedrohte Tierarten sind. Fest steht auch, daß das Problem der Überfischung vor den Ostküsten (zu dem allerdings europäische Trawler einen weitaus größeren Beitrag leisten als alle Robben zusammen) kanadische Fischerfamilien in wirkliche Existenznot gebracht hat. Andererseits sind die Bilder erschlagener und enthäuteter Robbenbabys ein Zeichen dafür, wie sehr der Mensch die Achtung vor der Natur verloren hat. In diesem Sinn steht der knuddelige Heuler auch als Symbol für viele erheblich stärker gefährdete, aber leider, leider unser Herz weniger rührende Tierarten.

auch während einer Bootsfahrt zur **Ile-Bonaventure** hält er den Blick gefangen. Die Insel vor der Bucht ist mit ihren fast 100 m hohen Klippen ein idealer Nistplatz für mehr als eine Viertelmillion Seevögel, darunter 60 000 Baßtölpel, denen man sich nach einem schönen Spaziergang durch dichten Nadelwald bis auf wenige Meter nähern kann. Percé lebt heute vom Tourismus. Im 19. Jh, war es die Kabeljaufischerei, die die Einwohner ernährte, wie das *Musée Le Chafaud* unweit der Pier verdeutlicht (145, route 132, ⏰ Juni bis Sept. tgl. 10–20 Uhr).

❶ Parc de l'Ile-Bonaventure-et-du-Rocher-Percé, 4, rue du Quai, ☎ (418) 782-2240, 📠 782-2241.
🏨🏨 **Hôtel–Motel La Normandie,** 221 route 132 Ouest, ☎ (418) 782-2112 und 1-800-463-0820, 📠 782-2337. Komfortabel. Restaurant mit Blick auf den Rocher Percé. $–$$
🏨 **La Maison Tommi,** 31, route 132, Percé, ☎ (418) 782-5104. B&B einer in Percé sehr bekannten Künstlerin. $
🏨 **La Maison du Pêcheur,** Place du Quai, ☎ (418) 782-5331. Täglich frische Meeresfrüchte. $–$$
Le Matelot, 7, rue de l'Eglise, ☎ (418) 782-2569. Spezialität: Hummer. $–$$

Hinter Percé geht es westwärts. Nach und nach entwickelt sich die im Norden noch so wilde Gaspésie zu einer ländlichen Idylle aus Wiesen und Weiden, Dörfern und Wäldern. Selbst das Wasser der 1534 von einem vielleicht schwitzenden Jacques Cartier Baie des Chaleurs genannten Bucht ist meist glatt und friedlich. In **Paspébiac** (3000 Einw.) baute der *jerseyman* Charles Robin 1767 den ersten einer Kette von Fischerhäfen rund um die Halbinsel. Um 1840 kontrollierten die Robin und LeBoutilliers Companies die Fischerei im gesamten Golf – und preßten die Fischer in eine sklavenähnliche Abhängigkeit. Die historischen Gebäude der * *Site historique du Banc-de-Paspébiac* bewahren das maritime Erbe der Gaspésie; während der Führungen

werden auch alte Schiffsbautechniken demonstriert (⏰ Juni bis Sept. tgl. 9–18 Uhr).

Bonaventure (2800 Einw., 956 km) ist neben den fernen Iles-de-la-Madeleine das zweite große Zentrum der Akadier in Québec. Vor dem * *Musée acadien du Québec* weht stolz ihre Fahne, die Trikolore mit dem Leitstern im oberen Winkel. Die Ausstellung widmet sich ihrer wechselvollen, oft dramatischen Geschichte und macht deutlich, daß sich „les acadiens" als ein eigenständiges, von den Québécois unterscheidendes Volk betrachten. Ihre Vorfahren waren französischsprachige Bauern, die rund um die Bay of Fundy siedelten. 1755 wurden sie von den Briten in einer gewaltsamen ethnischen Säuberungsaktion zusammengetrieben und nach Frankreich und Louisiana deportiert. Nur wenigen der 7000 Opfer gelang die Flucht, die sie schließlich auf die Iles-de-la-Madeleine, nach New Brunswick oder an die Südküste der Gaspésie verschlug. (⏰ Juni bis Sept. tgl. 9–18 Uhr.)

Man ahnt es schon, daß irgendwo auch ein britisches Gegenstück zu finden sein wird. Richtig, in **New Richmond** (4000 Einw., 996 km). Das Museumsdorf * *Centre de l'héritage britannique de la Gaspésie* läßt mit einer Dorfschule und liebevoll renovierten Häuschen die Welt der Loyalisten um 1860 wiederauferstehen (351, bd. Perron Ouest; ⏰ Juni bis Sept. tgl. 9–18 Uhr). Für Abendspaziergang und Übernachtung bietet sich das fotogen zu Füßen des 500 m hohen Mont-Saint-Joseph liegende **Carleton** (2700 Einw., 1016 km) mit seinem schönen Sandstrand an.

🏨 **Hostellerie Baie Bleue,** 482, bd. Perron, C. P. 150, Carleton-sur-Mer, ☎ (418) 364-3355 und 1-800-463-9099, 📠 364-6165. Moderne Anlage, Swimmingpool und Badestrand. $

Auf geologisch Interessierte und Fossiliensammler wartet im * **Parc de Miguasha** unweit von Carleton noch etwas Besonderes. Rund 300 Mio. Jahre alte Fischfossilien wurden in den Klippen der Bucht gefunden – der älteste bekannte Fischfriedhof der Welt! Star der Ausstellung im modernen Besucherzentrum ist ein meterlanges Ungetüm, das mit Lungen *und* Kiemen ausgestattet war (231 Miguasha Ouest Nouvelle, ◷ Juni bis Sept. tgl. 9–18 Uhr).

Wo die Geschichte Neufrankreichs endgültig zu den Akten gelegt wurde, ist auch die *tour de la gaspésie* zu Ende: In der Bucht von **Pointe-à-la-Croix** (1086 km) schossen britische Kriegsschiffe 1760 eine kleine französische Flotte zusammen, die dem bedrängten Montréal Hilfe hatte bringen sollen. Die nationale Gedenkstätte *La-Bataille-de-la-Ristigouche* rekonstruiert das Katz-und-Maus-Spiel der Briten und Franzosen spannend und unterhaltsam (Route 132, ◷ Juni bis Sept. tgl. 9–16.15 Uhr).

Ein Höhepunkt der Gaspé-Rundfahrt: der Rocher Percé vor dem gleichnamigen Städtchen

Die Rückfahrt über Rimouski nach *****Ville de Québec** (s. S. 43) erfolgt durch die Vallée de Matapédia. In Rivière-du-Loup kann man mit der Fähre nach Saint-Siméon übersetzen und über die Côte-Nord (s. Route 4, S. 75) zurückkehren.

5

Seite
81

Vogelparadies Ile-Bonaventure

Nimm mich mit, Kapitän …

Autofähren verbinden die Südküste und die Gaspé-Halbinsel mit den Siedlungen auf der Nordseite des St. Lorenz. Im Juli und August sollte man das Ticket unbedingt reservieren lassen.

Rivière-du-Loup–Saint-Siméon (Fahrzeit 75 Min.): ☎ (418) 862-9545.

Trois-Pistoles–Les Escoumins (Fahrzeit 75 Min.): ☎ (418) 851-4676.

Rimouski–Sept-Iles (Fahrzeit 11 Std.): ☎ 1-800-463-0680.

Rimouski–Sept-Iles–Port-Menier (Ile d'Anticosti)–Havre-Saint-Pierre–Basse-Côte-Nord (1x pro Woche): ☎ (418) 723-8787.

Matane–Baie-Comeau (Fahrzeit 150 Min.): ☎ (418) 562-2500.

Matane–Godbout (Fahrzeit 135 Min.): ☎ (418) 562-2500.

Rivière-au-Renard–Port-Menier (Ile d'Anticosti)–Havre-Saint-Pierre (12,5 Std.): ☎ 1-800-692-8002.

Route 6

Côte-Nord: Bis fast ans Ende der Welt

✶✶ Tadoussac – Sept-Iles – Havre-Saint-Pierre (– ✶ Ile d'Anticosti – Rivière-au-Renard) (631 km ohne Fährfahrten)

Die Karte sagt eigentlich alles: Es gibt nur eine Straße, der Rest ist Natur pur. Ein paar Städte und zwei Dutzend winziger Siedlungen hängen an dem 640 km langen Asphaltstreifen, der der Nordküste des St.-Lorenz-Stroms bis nach Havre-Saint-Pierre folgt. Wenige Meter neben der Straße fängt bereits die Wildnis an, eine endlose Weite aus Wäldern und Seen, die noch immer den Tieren gehört. Der Mensch ist hier nur zu Gast und sollte sich vorsehen, denn die gewohnten Gesetze der Zivilisation sind hier weitgehend außer Kraft. Outdoor-Freunde aber kommen voll auf ihre Kosten: Kanuwandern, Hochseekajakfahren, Fotosafaris zu Walen und Robben – an Auswahl mangelt es nicht, solange man erfahren und konditionell auf der Höhe ist, denn nicht jede Situation ist vorhersehbar. Freilich gibt es für Greenhorns unmittelbar neben der Straße auch immer die Chance, in die Wildnis hineinzuschnuppern.

Der Kick dieser Route: Seit der Einrichtung einer Autofährverbindung zwischen Havre-Saint-Pierre und Rivière-au-Renard kann man die Côte-Nord an eine Gaspé-Rundfahrt anschließen. Für die Nordküste allein sollte man vier bis fünf Tage einplanen plus zwei weitere, wenn man dieselbe Strecke zurückfährt.

22 km hinter **✶✶ Tadoussac** (s. S. 74) liegt **Bergeronnes** (850 Einw.), dessen Bucht schon Montagnais-Indianer, bas-

kische Fischer und Samuel de Champlain als Ankerplatz zu schätzen wußten. Heute hat das vorgelagerte ✶ *Cap-de-Bon-Désir* bei Naturfreunden einen guten Klang: Die in den St.-Lorenz-Strom ragenden Felsen sind einer der besten Standorte in Québec für Walbeobachtung. Die sanften Riesen nähern sich dem Kap nicht selten bis auf 20 Meter. Im *Centre d'interprétation et d'observation* werden Ferngläser bereitgehalten (☉ Juni bis Sept. tgl. 9–20 Uhr). Wem das zu wenig ist, der kann sich zu den Walen auf Augenhöhe begeben: Ein Veranstalter in Bergeronnes vermietet stabile Seekajaks und organisiert ein- bis mehrtägige Expeditionen auf dem St.-Lorenz-Strom (Mer et Monde, ☎ 418/232-6779).

Les Escoumins (2300 Einw., 41 km) wurde von baskischen Fischern gegründet und besitzt ebenfalls gute Walbeobachtungsstandorte. Danach beginnt das Häuserzählen. Es sind garantiert weniger als gefahrene Kilometer bis **Baie-Comeau** (26 000 Einw., 184 km), das aus einer Papierfabrik erwuchs. Bis heute ernährt sie die meisten Familien.

Wer wissen will, wie es landeinwärts aussieht, zieht mit einem der hiesigen Ausrüster in die Wildnis oder unternimmt auf der Route 389 einen Tagesausflug zu den Wasserkraftwerken des **✶✶ Manic-Outardes-Komplex** (211 km einfach). Die Fahrt ist allerdings nichts für Ungeduldige: Der Granit des Kanadischen Schilds hat sich den Sprengkommandos weitgehend widersetzt und die Straßenbautrupps zu zeitraubenden Schleifen um gigantische Felsklötze gezwungen. Um so eindrucksvoller wirken die mitten in diese kraftvolle Urlandschaft gesetzten Monumente menschlicher Entschlossenheit. 20 Jahre dauerte es, bis die Kraft der Flüsse Manicouagan und Outardes 1979 gebändigt und in Energie verwandelt werden konnte. Gemeinsam mit den beiden Kraftwerken am Rivière Betsiamites produzieren die acht des Manicouagan-Outardes-Komplexes heute 30 Mio. Megawatt pro Stunde. In dem Baie-Comeau am nächsten gelegenen **Manic-2** werden Führungen in den 94 m hohen Staudamm angeboten und die gewaltigen Turbinen erklärt (Juni bis Sept. tgl. um 9, 11, 13 und 15 Uhr). Für das noch 200 km weiter nördlich liegende **Manic-5** (Führungen tgl. um 9, 11, 13.30 und 15.30 Uhr) wurde ein 2000 km² großes Reservoir angelegt und der 214 m hohe und 1313 m lange **Daniel Johnson Dam** gebaut.

❶ Baie-Comeau, ☎ (418) 589-5319, 📠 589-9546.

🏨 🏨 **Auberge les Douceurs de la Côte,** 2370, bd. Laflèche, Baie-Comeau, ☎ (418) 589-4600, 📠 589-4501. Gemütliche Auberge mit guter Küche (💲) und Blick auf den Strom. 💲

🏨 **Comfort Inn,** 745, bd. Laflèche, Baie-Comeau, ☎ (418) 589-8252. Unterkunft mit dem plastikbetonten Charme der 60er Jahre, aber modern eingerichtet. 💲–💲

Touren: Les Escapades Nord-Côtières, C. P. 377, Baie-Comeau, ☎ (418) 296-9369. Trägt seinen Namen zu Recht und organisiert Hikingtouren in den unwegsamen Monts-Groulx und Seekajak-Expeditionen, Vermietung von Westfalia-Campern.

Die alte Holzfällersiedlung ＊**Franquelin** (400 Einw., 206 km) liegt wildromantisch in einem Arrangement aus Nadelwäldern, Felsgestein und Wasserwüste. Ähnliches gilt für **Godbout** (390 Einw., 231 km), das zudem ein kleines Museum besitzt, das ＊*Musée amérindien et inuit.* Indianisches Kunsthandwerk, Inuit-Skulpturen und vor allem Dokumentarfotos vermitteln einen starken Eindruck von der Lebenswelt der Ureinwohner (Juni bis Sept. tägl. 9–20 Uhr).

28 m hoch, untersetzt, rot-weiß gestrichen und blitzsauber: Der ＊*Phare de*

Phare de Pointe-des-Monts: Leuchtturm aus dem Bilderbuch

6

Seite **81**

Manic-5 und Daniel Johnson Dam im hohen Norden

In der Réserve de Parc national de l'Archipel-de-Mingan

Pointe-des-Monts ist ein Leuchtturm wie aus dem Bilderbuch. 1830 wurde er an der Stelle errichtet, wo der Strom zum Golf wird. Seit den 60er Jahren beherbergt er ein Museum zum Thema Schiffahrt und Navigation (☉ Juni bis Sept. tgl. 9–19 Uhr). Zwischen *Pointe-aux-Anglais* und *Rivière-Pentecôte* passiert die Straße schöne Sandstrände.

Port-Cartier (7400 Einw., 350 km) ist der Umschlaghafen für das Eisenerz aus dem Provinzinnern, aber gleichwohl einen Aufenthalt wert: Im *Café-théâtre Graffiti* trifft sich die Künstlerszene der Côte-Nord und stellt ihre Werke aus (☉ Juni bis Sept. tgl. 11 bis 24 Uhr).

Die hinter der Stadt beginnende **Réserve faunique de Sept-Iles – Port-Cartier** ist eine 2400 km² große Spielwiese für Outdoor-Freunde. Enge Täler mit Gletscherschliff, klare Seen und einsame Trails – da kann man es auch länger aushalten. Unterkünfte finden sich in Form einfacher Blockhütten am Lac Walker und am Lac Arthur; sie können bei der Parkverwaltung gemietet werden.

❶ Réserve faunique de Sept-Iles – Port-Cartier, 818, bd. Laure, Sept-Iles, ☎ (418) 968-1401, 🖷 962-0436. Reservierung der Hütten unter ☎ (418) 890-6527.

Sept-Iles (25 000 Einw., 409 km) ist das Verwaltungszentrum der Côte-Nord. 1651 wurde die erste Mission, bald darauf der erste Handelsposten gegründet. Der *Vieux-Poste,* die palisadenbewehrte Rekonstruktion eines Handelspostens des 18. Jhs., veranschaulicht das Leben jener Zeit. Die Ausstellung im Innern ist der Montagnais-Kultur gewidmet (Bd. des Montagnais, ☉ Juni bis Aug. tgl. 9–17 Uhr). Bis Mitte des 19. Jhs. monopolisierte die mächtige Hudson's Bay Company den Pelzhandel und die Fischerei, erst danach wurde die Region zur Besiedlung freigegeben. Heute ist Sept-Iles dank seines Tiefseehafens der wichtigste Umschlagsort der Nordküste für das in Wabush und Schefferville geförderte Eisenerz.

Nach **Havre-Saint-Pierre** (3500 Einw.) sind es noch 222 km, ein Klacks, verglichen mit dem, was einen fast am östlichen Ende Québecs erwartet. Mutter Natur hat sich etwas ganz Besonderes ausgedacht. Acht Meter hohe, totempfahlähnliche Felsen bewachen die Strände von 42 der Hafenstadt vorgelagerten Inseln, die in der **** Réserve de Parc national de l'Archipel-de-Mingan** zusammengefaßt sind. Bonsaigroße Bäumchen haben Wurzeln geschlagen in den Spalten dieser Monolithe, die als Unterwasser-Sedimente vor 250 Mio. Jahren am Äquator entstanden sind und während der letzten Eiszeit von den sich zurückziehenden Gletschern an ihren heutigen Standorten abgesetzt wurden. Kalksteinerde, lange Winter und der kalte St.-Lorenz-Golf haben dazu eine alpin-arktische Flora versammelt, in der sich vor allem die putzigen Papageientaucher wohlfühlen. Auch Seehundkolonien und Wale gehören zu den Parkbewohnern. Bootstouren zu den Inseln starten von Havre-Saint-Pierre aus. In Sicht kommen die Landflecken bereits in **Longue-Pointe** (550 Einw.). Hier befinden sich ein Besucherzentrum und die *Station de recherche des Iles Mingan,* wo vor allem Wale studiert werden. Die von Wissenschaftlern geführten Schlauchboottrips hinaus zu den Giganten und auch mehrtägige Studienfahrten in den Mingan-Archipel sind lehrreich und eindrucksvoll.

❶ Réserve de Parc national de l'Archipel-de-Mingan, 1303, rue de la Digue, Havre-Saint-Pierre, ☎ (418) 538-3331, 🖷 538-3595.
🏨 **Motel de l'Archipel**, 805, bd. de l'Escale, Havre-Saint-Pierre, ☎ (418) 538-3900 und 1-800-463-3906. Schmucklose Unterkunft, aber um so freundlicheres Personal. (\$–\$)
🍴 **Le petit Rorqual**, 64, chemin du Roi, Longue-Pointe, ☎ (418) 949-2240. Regionale Küche, frische Meeresfrüchte. (\$–\$)

Walbeobachtung: La Station de recherche des Iles Mingan, 106, bord de la Mer, Longue-Pointe, ☎ (418) 949-2845 (Sommer), (514) 465-9176 (Winter).

Hinter Havre-Saint-Pierre geht es nur noch mit den Schiffen der Gesellschaft Relais Nordik (☎ 1-800-463-0680) weiter. Bis zur Grenze zu Labrador (Newfoundland) verlieren sich nur ein knappes Dutzend kleiner und kleinster Siedlungen an der kargen Küste – ein Hauch von Zivilisation. Rund 7000 Menschen, Nachkommen schottischer, bretonischer und neufundländischer Fischer, harren hier aus.

Die meisten Besucher von Havre-Saint-Pierre setzen jedoch auf die mitten im Golf liegende ***Ile d'Anticosti** über. Die 8000 km² große Insel ist mit ihren Schwarzbären, Elchen und Weißkopf-Seeadlern, ihren 25 Orchideenarten und riesigen Seevogelkolonien das Spielfeld für einen vorsichtigen Öko-tourismus, der der Natur den Vorrang gibt. Ganze 350 Menschen leben in dem wilden Naturparadies – und sage und schreibe 120 000 Virginiahirsche. Zahlreiche Trails ziehen sich kreuz und quer über die Insel, durch Canyons und dichte Wälder, vor allem in der *Réserve faunique de l'Ile d'Anticosti.* Die Parkverwaltung berät bei der Planung und organisiert Touren.

In Port-Menier müssen Sie sich entscheiden: Rückkehr zur Nordküste oder Fährfahrt nach Rivière-au-Renard auf der Gaspé-Halbinsel, wo Sie an die Route 5 (s. S. 83) anschließen können.

❶ Réserve faun. de l'Ile d'Anticosti, C.P. 179, Port-Menier, Ile d'Anticosti, ☎ (418) 535-0156, 🖷 535-0289.
Ⓗ **Auberge Port-Menier,** Port-Menier, ☎ (418) 535-0122, 🖷 535-0352. Einziges Hotel auf der Insel, ansonsten nur drei Campingplätze. Ⓢ–Ⓢ
Ökotourismus: Agence de voyages Mont-St-Hilaire Inc., 321, bd. Laurier, Mont-St-Hilaire, ☎ (514) 464-6161, 🖷 464-6956. Ein- und mehrwöchige Studientouren von Montréal aus.

Die Naturschönheiten der Ile d'Anticosti erlebt man am besten im Rahmen von geführten Touren

Das Boot ist voll

Während der Sommermonate kann es auf den Autofähren zwischen Nord- und Südküste und auf den Versorgungsschiffen entlang der Côte-Nord eng werden. Eine telefonische Platzreservierung wird daher dringend empfohlen.

Les Escoumins–Trois-Pistoles (Fahrzeit 75 Min.): ☎ (418) 233-2202.

Baie-Comeau–Matane (Fahrzeit 150 Min.): ☎ (418) 296-2593.

Godbout–Matane (Fahrzeit 135 Min.): ☎ (418) 568-7575.

Havre-Saint-Pierre–Sept-Iles– Port-Menier–Rimouski (1x wöchentlich, Fahrzeit 12 Std.): ☎ 1-800-463-0680.

Baie-Johan-Beetz–Havre-Saint-Pierre–Port-Menier–Rivière-au-Renard (Fahrzeit 18 Std.): ☎ 1-800-692-8002.

6

Seite 81

Praktische Hinweise von A–Z

Ärztliche Versorgung

Die ärztliche Versorgung ist in ganz Kanada hervorragend. Die Adressen von Ärzten und Krankenhäusern findet man in den *Pages Jaunes* der Telefonbücher. Medizinische Leistungen der Ärzte und Krankenhäuser müssen sofort in bar oder mit Kreditkarte bezahlen werden. Da die Kosten sehr hoch sein können, ist der Abschluß einer Reisekrankenversicherung unbedingt nötig. Die gesetzlichen Krankenkassen kommen für die Kosten *nicht* auf. Verschreibungspflichtige und ständig benötigte Medikamente sollten mitgeführt werden. Manche Arzneien, die in Europa rezeptfrei sind, erhält man in Kanada nur mit Rezept. Medikamente gibt es in den *pharmacies* und in den Drogerien der Ketten *Pharmaprix* und *Jean Coutu*. Bei der regelmäßigen Einnahme von Medikamenten (auch der „Pille") die Zeitverschiebung beachten!

Alkohol

Bier, Wein und Whisky gibt es nur in den staatlichen Spirituosenläden der *Société des Alcools de Québec*. Als Nothelfer spätabends springen die *dépanneurs* ein. Die kleinen Läden an der Ecke verkaufen bis 22.30 Uhr Dosenbier und billige Weine.

Diplomatische Vertretungen

Deutschland: Generalkonsulat, 1250, bd. René-Levésque Ouest, Suite 4315, Montréal, ☎ (514) 931-2277, 🖷 931-7239.

Schweiz: Generalkonsulat, 1572, av. Dr. Penfield, Montréal, ☎ (514) 932-7181, 🖷 932-9028.

Österreich: Honorargeneralkonsulat, 1030-1350, rue Sherbrooke Ouest, Montréal, ☎ (514) 845-8661, 🖷 284-3503.

Einkaufen

Zu den typischen Mitbringseln aus Québec gehören in erster Linie Produkte aus Ahornsirup, sei es der köstliche Saft selbst (z. B. zum Süßen von Fruchtsalat, auf Waffeln) oder Bonbons und verwandte Produkte. Beliebt sind auch Blaubeerlikör und vielerlei Arten von Marmeladen. Wunderbar warme Füße versprechen Biberfellpantoffeln.

Einreise

Deutsche, Österreicher und Schweizer benötigen für den Aufenthalt bis zu drei Monaten nur den Reisepaß, der noch drei Monate gültig sein muß.

Feiertage

Neujahr (1./2. Jan.); Vendredi Saint (Karfreitag); Lundi de Pâques (Ostermontag); Fête de la Reine Victoria (Montag vor dem 25. Mai); Saint-Jean-Baptiste (Nationaler Feiertag Québecs, 24. Juni); Fête du Canada (1. Juli); Fête du Travail (1. Montag im Sept.); Action de grâces (Erntedankfest, 2. Montag im Okt.); Weihnachten (25./26. Dez.).

Die meisten Banken und öffentlichen Ämter haben an diesen Tagen geschlossen. Viele Supermärkte und Geschäfte bleiben jedoch geöffnet.

Geld und Devisen

Die Währungseinheit ist der kanadische Dollar (can $) = 100 Cent (c). Richtwert: 1 can $ = 1,10 DM (Stand: Dez. 1996). Die Ein- und Ausfuhr von Landes- und Fremdwährung unterliegt keinerlei Beschränkung.

Für die Reise nimmt man am besten Reiseschecks mit, ausgestellt auf kanadische Dollar in nicht zu hohen Beträgen (max. 100 $). Damit kann man problemlos in Hotels, Restaurants und Geschäften bezahlt werden. Das Wechselgeld erhält man in bar zurück. *Kreditkarten* (Visa, Eurocard/Mastercard, American Express) gehören zum Alltag. Eurocheques sind unbekannt.

Informationen

Erste Informationen erhält man im Reisebüro sowie in Form allgemeiner Broschüren vom *Kanada Tourismusprogramm,* Postfach 20 02 47, D–63469 Maintal, ☎ (0 61 81) 49 75 58. Bei speziellen Fragen wendet man sich an *Tourisme Québec,* C. P. 979, Montréal (Qué), H3G 2W3, ☎ (514) 873-2015. Für nähere Informationen über bestimmte Zielgebiete und Aktivitäten sind die *associations touristiques régionales (atr)* die richtige Adresse. Sie geben jährlich einen offiziellen, auch in Englisch erhältlichen *guide touristique* mit Routenbeschreibungen, Hotel- und Restaurantverzeichnissen heraus.

atr *Montérégie,* 989, rue Pierre-Dupuy, Longueuil (Qué), J4K 1A1, ☎ (514) 674-5555, ☎ 463-2876.

atr *Estrie,* 25, rue Bocage, Sherbrooke (Qué), J1L 2J4, ☎ (819) 820-2020, in Kanada 1-800-263-1068, ☎ 566-4445.

atr *Laurentides,* 14142, rue de La Chapelle, R. R. No. 1, Saint-Jérôme (Qué), J7Z 5T4, ☎ (514) 436-8532, in Kanada 1-800-561-6673, ☎ 436-5309.

atr *Abitibi–Témiscamingue,* 170, rue Principale, bureau 103, Rouyn-Noranda (Qué), J9X 4P7, ☎ (819) 762-8181, ☎ 762-5212.

atr *Outaouais,* 103, rue Laurier, Hull (Qué), J8X 3V8, ☎ (819) 778-2222, ☎ 778-7758.

atr *Mauricie–Bois-Francs,* 1180, rue Royale, Trois-Rivières (Qué), G9A 4J1, ☎ (819) 375-1222, in Kanada 1-800-567-7603, ☎ 375-0301.

atr *Saguenay–Lac Saint-Jean,* 198, rue Racine Est, bureau 210, Chicoutimi (Qué), G7H 1R9, ☎ (418) 543-9778, in Kanada 1-800-463-9651, ☎ 543-1805.

atr *Charlevoix,* 630, bd. de Comporté, La Malbaie (Qué), G5A 1T8, ☎ (418) 665-4454, in Kanada 1-800-667-2276, ☎ 665-3811.

atr *Chaudière-Appalaches,* 800, autoroute Jean-Lesage, Bernières (Qué), G7A 1C9, ☎ (418) 831-4411, ☎ 831-8442.

atr *Bas-Saint-Laurent,* 189, rue Hôtel-de-Ville, Rivière-du-Loup (Qué), G5R 5C4, ☎ (418) 867-3015, in Kanada 1-800-563-5268, ☎ 867-3245.

atr *Gaspésie,* 357, route de la Mer, Sainte-Flavie (Qué), G0J 2L0, ☎ (418) 775-2223, in Kanada 1-800-463-0323, ☎ 775-2234.

atr *Iles-de-la-Madeleine,* C. P. 1028, Cap-aux-Meules (Qué), G0B 1B0, ☎ (418) 986-2245, ☎ 986-2327.

Für die *Côte-Nord* gibt es zwei Büros: atr *Manicouagan,* C. P. 2366, Baie-Comeau (Qué), G5C 2T1, ☎ (418) 589-5319, ☎ 589-9546. atr *Duplessis,* 865, bd. Laure, Sept-Îles (Qué), G4R 1Y6, ☎ (418) 962-0808, ☎ 962-6518.

Kleidung

Außer in den besseren Restaurants und Hotels kann man bequeme Freizeitkleidung überall tragen. Feste, knöchelhohe Schuhe, Pullover, weitgeschnittene Baumwollhemden und -hosen sowie ein Regenschutz gehören ins Gepäck, wenn man wandern und campen will.

Moskitoschutz

Anfang Juni herrscht in den Wäldern eine zweiwöchige Moskitoplage. Der beste Moskitoschutz ist in den *pourvoiries* erhältlich, kleinen Ausrüsterläden.

Netzspannung

110 Volt Wechselstrom. Einen Adapter kann man schon zu Hause besorgen.

Notruf

Polizei und Rettungsdienste sind unter ☎ 0 und 911 zu erreichen.

Öffnungszeiten

Geschäfte haben normalerweise von 9–19 Uhr, Do und Fr auch bis 21 Uhr geöffnet. Sa schließen sie um 17 Uhr, So wird von 12–17 Uhr verkauft.

Banken haben Mo–Fr von 10–16 Uhr, Do bis 20 Uhr geöffnet.

Restaurants und *Bars* machen in Mont-réal und Ville de Québec um 1 oder 3 Uhr morgens dicht. Die nordamerikanische Einrichtung der „happy hour" – zwei alkoholische Getränke zum Preis von einem – gibt es vor allen in den Bars größerer Städte.

Post

Die Postämter haben Mo–Fr von 9–17.30 Uhr geöffnet. Briefmarken gibt es auf der Post, in Hotels, Andenkenläden und den *dépanneurs*.

Steuern

In Kanada werden in Geschäften, Restaurants und Hotels die Preise immer *vor* Steuern angegeben. Mit der „Taxe de vente du Québec" (TVQ) schlägt die Provinz 8 % auf alle Güter, Dienstleistungen, Restaurant- und Hotelrechnungen auf. Hinzu kommt die „Taxe sur les produits et services" (TPS) der Bundesregierung mit 7 %, so daß man stets 15 % zum Preis hinzurechnen muß. Für Güter über insgesamt 100 $ kann man sich die Steuern zurückerstatten lassen. Über die Antragsprozedur informiert das an Flughäfen ausliegende Heft „Rebate for Visitors".

Telefon

Ortsgespräche *(local calls, appels urbains)* kosten in Kanada 25 Cent und sind zeitlich unbegrenzt. Für Ferngespräche *(long distance calls, appels interurbains)* wählt man die 1, um aus dem Ortsnetz herauszukommen, dann die dreistellige Vorwahlnummer. Nach Eingabe der vollständigen Nummer meldet sich der *operator* und teilt den Preis für die erste Zeiteinheit mit. R-Gespräche *(collect calls, appels à frais virés)* werden beim unter „0" zu erreichenden operator angemeldet, ebenso die Auslandsgespräche *(overseas calls, appels outremèrs)*. Außerdem hilft der operator bei allen Problemen rund ums Telefonieren. Mietwagenfirmen, Fluggesellschaften, Hotels und viele Fremdenverkehrsämter können über kostenlose 1-800-Nummern angerufen werden. Vorwahl für Deutschland 0 11 49, für die Schweiz 0 11 41, für Österreich 0 11 43, dann Ortsvorwahl ohne die Null, dann die Teilnehmernummer.

Trinkgeld

Im Restaurant läßt man etwa 15 % des Rechnungsbetrages auf dem Tisch liegen – eine Summe, die nicht als Trinkgeld, sondern als Lohn für die Bedienung anzusehen ist, denn das Personal ist darauf als Teil seines Einkommens angewiesen. Gepäckträger am Flughafen und im Hotel erhalten 1 $ pro Koffer, Zimmermädchen bei der Abreise 1 $ pro Aufenthaltstag, Taxifahrer 10–15 % der Rechnungssumme.

Zeit

In Québec und im benachbarten Ontario gilt die Eastern Time (MEZ – 6 Std.) Vom ersten Samstag im April bis zum letzten Samstag im Oktober wird die Uhr um eine Stunde nach vorne auf Sommerzeit eingestellt.

Zoll

Zollfrei sind pro Person über 16 Jahre 200 Zigaretten oder 50 Zigarren oder 1 kg Tabak sowie 1,1 l Spirituosen für Reisende ab 19 Jahre. Geschenke (außer Tabak und Alkohol) dürfen bis zum Wert von 60 $ pro Empfänger zollfrei eingeführt werden. Die Einfuhr von Pflanzen, landwirtschaftlichen Erzeugnissen und frischen Lebensmitteln (Obst, Wurst) ist nicht erlaubt.

Bei der Wiedereinreise nach Deutschland, Österreich und in die Schweiz gelten o. g. Mengen, die Grenzwerte für sonstige Waren betragen 350 DM bzw. 2400 öS bzw. 200 sfr.

Register

Orts- und Sachregister

Abbaye de Saint-Benoît-du-Lac 56
Ärztliche Versorgung 92
Alkohol 92
Amos 62
Angliers 64
Appalachen 8, 26
Architektur 18

Baie-Comeau 88
Baie-James 62
Baie-Saint-Paul 76
Bergeronnes 88
Bic 79
Bonaventure 86

Cabanes à sucre 18, 51
Cacouna 79
Calumet 58
Camping 28
Cap-à-l'Aigle 75
Cap-des-Rosiers 83
Cap Trinité 72
Carleton 86
Chambly 52
Charlevoix 75
Chaudière-Appalaches 51
Chemin du Roy 68
Chicoutimi 71
Chisasibi 62
Chutes de Montmorency 77
Complexe La Grande 62
Côte-de-Beaupré 76
Cowansville 56

Desbiens 71
Diplomat. Vertretungen 92
Dunham 56

Einkaufen 92
Einreise 92
Estrie 52

Feiertage 92
Feste 21
Fort Lennox 52
Fort-Coulonge 64
Franquelin 89

Gaspé 82, 84
Gaspé-Halbinsel 80
Gatineau Park 64
Geld und Devisen 92

Godbout 89
Grandes-Piles 70
Grande-Vallée 83
Grand-Mère 68
Gros-Morne 83

Havre-Saint-Pierre 90
Hudson's Bay Comp. 15, 17
Hull 64

Ile-aux-Coudres 76
Ile-aux-Noix 52
Ile-Bonaventure 86
Ile d'Anticosti 26, 91
Iles-de-la-Madeleine 26, 84, 85
Iles du Bas-St-Laurent 26
Iles Pélerins 79
Informationen 93

Kamouraska 78
Kanadischer Schild 8, 57
Kleidung 93
Knowlton 56

La Baie 72
La Malbaie 75
La Martre 82
Lac Saint-Jean 70
Lac Saint-Pierre 68
L'Anse-au-Griffon 83
L'Anse-Saint-Jean 72
Les Eboulements 76
Les Escoumins 88
Longue-Pointe 26, 90

Malartic 62
Malerei 19
Manic-Outardes-Kompl. 88
Mansonville 56
Mashteuiatsh 70
Matagami 62
Matane 82
Métabetchouan 71
Métis-sur-Mer 82
Montebello 58
Montérégie 52
Mont-Laurier 60
Montmagny 26, 78
Montréal 31 ff.
 – Av. McGill College 36
 – Basilique Notre-Dame 33
 – Biodôme 40
 – Blvd. St-Laurent 38, 42
 – Casino de Montréal 34
 – Cathédrale Christ Church 36
 – Cathédrale Marie-Reine-du-Monde 35
 – Centre d'histoire 34
 – Chalet du Mont Royal 38

 – Chapelle de Notre-Dame-de-Bonsecours 34
 – Cimétière Notre-Dame-des-Neiges 38
 – Eaton Centre 42
 – Edifice Sun Life 35
 – Habitat '67 34
 – Hôtel Ritz-Carlton 36
 – Ile Notre-Dame 34
 – Ile Sainte-Hélène 34
 – Jardin botanique 40
 – La Biosphère 34
 – Les Promenades de la Cathédrale 42
 – Maison du Calvet 34
 – Marché Bonsecours 34
 – Mont Royal 38
 – Mt. Royal Cemetery 38
 – Musée d'archéologie de Pointe-à-Callière 34
 – Musée d'art contempo-rain 36
 – Musée des beaux-arts 36
 – Musée Juste pour Rire 38
 – Musée McCord d'histoire canadienne 38
 – Musée Stewart 34
 – Olympiastadion 40
 – Oratoire St-Joseph 38
 – Outremont 39
 – Parc des Iles 34
 – Parc du Mont Royal 38
 – Petite Italie 39
 – Place d'Armes 32
 – Place des Arts 36
 – Place Jacques-Cartier 34
 – Place Montréal Trust 42
 – Place Ville-Marie 35
 – Quartier Chinois 38
 – Quartier Grec 39
 – Quartier Juif 38
 – Quartier Portugais 39
 – Rue Prince-Arthur 38
 – Rue St-Denis 42
 – Rue Sainte-Cathérine 35
 – Rue Sherbrooke 36
 – Square Dorchester 35
 – Université McGill 36
 – Vieux-Montréal 32
 – Vieux-Port 34
 – Vieux Séminaire de Saint-Sulpice 33
 – Ville souterraine 35, 42
 – Westmount 38
Mont-St-Hilaire 52
Mont-Saint-Pierre 82
Monts Chic-Choc 82
Moskitoschutz 93

Netzspannung 93
New Richmond 86
North-West Trading C. 32
Notruf 93

Öffnungszeiten 94
Oka 10, 58
Ottawa 65 ff.

Parc de la Gaspésie 24, 82
Parc de Miguasha 86
Parc des Grands-Jardins 24, 76
Parc du Bic 26, 79
Parc du Mont-Orford 56
Parc du Mont Ste-Anne 77
Parc du Mont-Tremblant 24, 58, 60
Parc du Saguenay 72
Parc national de Forillon 84
Parc national de la Mauricie 24, 69
Parc régional des Hautes-Gorges 76
Parti Québécois 13, 14, 16
Paspébiac 86
Percé 85
Pointe-à-la-Croix 87
Pointe-au-Père 80
Pointe-au-Pic 75
Port-au-Persil 75
Port-Cartier 90
Post 94

Québec (Stadt) 43 ff.
– Ancien Palais de Justice 48
– Basilique Notre-Dame-de-Québec 46
– Château Frontenac 46
– Citadelle 48
– Eglise Notre-Dame-des-Victoires 44
– Escalier Casse-Cou 45
– Explore – Sound and Light 45
– Grande-Allée 48
– Holy Trinity Anglican Cathedral 46
– Hôtel de Parlement 48
– Maison Jacquet 48
– Monastère des Ursulines 48
– Musée de la civilisation 45
– Musée du fort 46
– Parc de Champs-de-Bataille 48
– Place d'Armes 46

– Place Royale 44
– Porte Saint-Louis 48
– Quartier Latin 46
– Quartier Petit-Champl. 45
– Rue Sainte-Anne 46
– Séminaire de Québec 46
– Terrasse Dufferin 46
– Vieux-Port 45
– Vieux-Québec 44

Radisson 62
Réserve de Parc national de l'Archipel-de-Mingan 26, 90
Réserve faunique de Papineau-Labelle 58, 60
Réserve faunique de Sept-Iles–Port-Cartier 90
Réserve faunique La Vérendrye 24, 60
Réserve faunique Rouge-Matawin 60
Rimouski 80
Rivière-au-Renard 83
Rivière-du-Loup 78
Roberval 70
Rouyn-Noranda 63

Saguenay-Fjord 26, 72
St-Denis-sur-Richelieu 52
Ste-Adèle 57
Ste-Agathe-des-Monts 58
Ste-Anne-de-Beaupré 77
Ste-Anne-des-Monts 82
Ste-Flavie 81
Ste-Irénée 76
St-Félicien 70
St-Félix-d'Otis 72
St-Georges 51
St-Jean-Port-Joli 78
St-Jean-sur-Richelieu 52
St-Joseph-de-la-Rive 76
St-Maxime-du-Mont-Louis 83
St-Sauveur-des-Monts 57
St-Siméon 75, 87
Sept-Iles 90
St. Lorenz 45
St.-Lorenz-Tiefland 8
Stanbridge East 53
Steuern 94
Stille Revolution 13, 16, 18

Tadoussac 74
Telefon 94
Tourelle 82
Trinkgeld 94
Trois-Rivières 68

Valcourt 56
Val-David 58

Val d'Or 60
Val-Jalbert 70
Verkehrsregeln 30
Ville-Marie 64
Volkskunst 18

Weinstraße 53

Zeit 94
Zoll 94

Personenregister

Arcand, Denys 22

Borduas, P.-E. 20, 38, 52
Bouchard, Lucien 16
Brault, Michel 22

Cartier, Jacques 15, 31, 42, 48, 71, 84, 86
Champlain, Samuel de 15, 43, 44, 46, 48, 66, 72
Charlebois, Robert 22

Dion, Céline 22

Frère Luc 19

Gagnon, Cl. 20, 38, 76
Groulx, Lionel-Adolphe 20

Hébert, Anne 21
Hémon, Louis 20

Indianer 10f.
Inuit 11

Krieghoff, Cornelius 20

Leclerc, Félix 13, 22
Leduc, Ozias 20, 52
Lemelin, Roger 20
Lepage, Robert 22
Lesage, Jean 13
Lévesque, Raymond 13

Mac Lennan, Hugh 21
Maisonneuve, P. de 15, 32

Papineau, Louis-Joseph 16, 34, 52, 58
Parent, Kevin 22
Parizeau, Jacques 16
Pellan, Alfred 20, 36
Perrault, Pierre 22

Radisson, Pierre-Esprit 17
Richler, Mordecai 21
Riopelle, J.-P. 20, 36, 38
Roy, Gabrielle 20

Tremblay, Michel 21

Vigneault, Gilles 13, 22, 53

Langenscheidt Mini-Dolmetscher

Allgemeines

Guten Tag	Bonjour [bõ**sehur**]
Hallo!	Salut! [ßa**lü**]
Wie geht's?	Ça va? [ßa **wa**]
Danke, gut.	Bien, merci. [bjẽ märßi]
Ich heiße ...	Je m'appelle ... [sehö ma**pä**ll]
Auf Wiedersehen.	Au revoir. [o rö**woar**]
Morgen	matin [ma**tẽ**]
Nachmittag	après-midi [aprämi**di**]
Abend	soir [ßoar]
Nacht	nuit [nüi]
morgen	demain [dö**mẽ**]
heute	aujourd'hui [o**sehur**düi]
gestern	hier [jär]
Sprechen Sie Deutsch?	Vous parlez allemand? [wu par**le** al**mã**]
Wie bitte?	Pardon? [par**dõ**]
Ich verstehe nicht.	Je ne comprends pas. [sehö nö kõ**prã** pa]
Sagen Sie es bitte nochmals.	Vous pourriez répéter, s'il vous plaît? [wu pur**je** repete ßil wu **plä**]
..., bitte.	..., s'il vous plaît. [ßil wu **plä**]
danke	merci [mär**ßi**]
Keine Ursache.	De rien. [dö **rjẽ**]
was / wer /	quoi / qui / quel [koa / ki / käll]
welcher	
wo / wohin	où [u]
wie / wieviel	comment / combien [ko**mã** / kõ**bjẽ**]
wann / wie lange	quand / combien de temps [kã / kõ**bjẽ** dö **tã**]
warum	pourquoi [pur**koa**]
Wie heißt das?	Comment ça s'appelle? [ko**mã** ßa ßa**päll**]
Wo ist ...?	Où est ...? [u ä]
Können Sie mir helfen?	Vous pouvez m'aider? [wu pu**we** mä**de**]
ja	oui [ui]
nein	non [nõ]
Entschuldigen Sie.	Excusez-moi. [äksküse **moa**]
Das macht nichts.	Ça ne fait rien. [ßa nö fä **rjẽ**]

Sightseeing

Gibt es hier eine Touristeninformation?	Est-ce qu'il y a une information touristique ici? [äskilja ün ẽformaßjõ turistik **i**ßi]

Haben Sie einen Stadtplan / ein Hotelverzeichnis?	Vous avez un plan de la ville / une liste des hôtels? [wus_awe ẽ plã dö la wil / ün list des_o**täll**]
Wann ist das Museum / die Kirche / die Ausstellung geöffnet?	Quelles sont les heures d'ouverture du musée / de l'église / de l'exposition? [käl ßõ les_ör duwär**tür** dü müse / dö le**glih**s / dö läksposi**ßjõ**]
geschlossen	fermé [fär**me**]

Shopping

Wo gibt es ...?	Où est-ce qu'il y a ...? [u äski**lja**]
Wieviel kostet das?	Ça coûte combien? [ßa kut kõ**bjẽ**]
Das ist zu teuer.	C'est trop cher. [ßä tro **schär**]
Das gefällt mir.	Ça me plaît. [ßa mö **plä**]
Das gefällt mir nicht.	Ça ne me plaît pas. [ßa nö mö plä **pa**]
Gibt es das in einer anderen Farbe / Größe?	Ça existe dans une autre couleur / taille? [ßa äk**sist** däs_ün otrö ku**lör** / taj]
Ich nehme es.	Je le prends. [sehö lö **prã**]
Wo gibt es hier eine Bank?	Où est-ce qu'il y a une banque ici? [u äski**lja** ün bäk **i**ßi]
Ich suche einen Geldautomaten.	Je cherche une billetterie. [sehö schärsch ün bijä**tö**ri]
Geben Sie mir 100 g Käse / zwei Kilo Pfirsiche.	Donnez-moi cent grammes de fromage / deux kilos de pêches. [do**ne** moa ßã gram dö fro**maseh** / döh ki**lo** dö päsch]
Haben Sie deutsche Zeitungen?	Vous avez des journaux allemands? [wus_awe de **sehur**no al**mã**]
Wo kann ich telefonieren / eine Telefonkarte kaufen?	Où est-ce que je peux téléphoner / acheter une carte d'appelle? [u äskö sehö pöh telefo**ne** / asch**te** ün kart da**päll**]

Notfälle

Ich brauche einen Arzt / Zahnarzt.	J'ai besoin d'un médecin / dentiste. [sehe bösoẽ dẽ medsẽ / dä**tist**]
Rufen Sie bitte einen Krankenwagen / die Polizei.	Appelez une ambulance / la police, s'il vous plaît. [aple ün äbü**lãs** / la po**lis** ßil wu **plä**]

Wir hatten einen Unfall.	On a eu un accident. [õ‿na ü ẽn‿akßidä]
Wo ist das nächste Polizeirevier?	Où est le poste de police le plus proche? [u ä lö post dö polis lö plü **prosch**]
Ich bin bestohlen worden.	On m'a volé. [õ‿ma wo**le**]
Mein Auto ist aufgebrochen worden.	On a brisé ma voiture. [õn‿a brise ma woa**tür**]

Essen und Trinken

Die Speise-karte, bitte.	La carte, s'il vous plaît. [la **kart** ßil wu **plä**]
Brot	pain [pẽ]
Kaffee	café [ka**fe**]
Tee	thé [te]
mit Milch / Zucker	au lait / sucre [o lä / ßükrə]
Orangensaft	jus d'orange [sehü dor**äseh**]
Suppe	soupe [ßup]
Fisch / Meeres-früchte	poisson / fruits de mer [poassõ / früi dö **mär**]
Fleisch / Geflügel	viande / volaille [wjäd / wo**laj**]
Beilage	garniture [garni**tür**]
vegetarische Gerichte	cuisine végétarienne [küisin wesehetar**jänn**]
Eier	œufs [öh]
Salat	salade [ßa**lad**]
Dessert	dessert [de**ssär**]
Obst	fruits [früi]
Eiscreme	crême glacé [kräm gla**sse**]
Wein	vin [wẽ]
weiß/rot/rosé	blanc / rouge / rosé [blã / ru**seh** / rose]
Bier	bière [bjär]
Aperitif	apéritif [aperi**tif**]
Wasser	eau [o]
Mineralwasser	eau minérale [o min**eral**]
mit / ohne Kohlensäure	gazeuse / non gazeuse [ga**sös** / nõ ga**sös**]
Limonade	limonade [limo**nad**]
Frühstück	petit déjeuner [pöti de**sehöne**]
Mittagessen	dîner [di**ne**]
Abendessen	dîner / souper [di**ne** / su**pe**]
eine Kleinigkeit	un petit quelque chose [ẽ pöti källkə **schohs**]
Ich möchte bezahlen.	L'addition, s'il vous plaît. [ladi**ßjõ** ßil wu **plä**]
Es war sehr gut / nicht so gut.	C'était très bon. [ße**tä** trä **bõ** / ßö ne**tä** pa ßi **bõ**]

Im Hotel

Ich suche ein gutes / nicht zu teures Hotel.	Je cherche un bon hôtel / un hôtel pas trop cher. [sehö schärsch ẽ bõn‿o**täll** / ẽn‿o**täll** pa tro **schär**]
Ich habe ein Zimmer reserviert.	J'ai réservé une chambre. [sehe resär**we** ün **schäbr**]
Ich suche ein Zimmer für ... Personen.	Je cherche une chambre pour ... personnes. [sehö schärsch ün schäbr pur ... pär**ßonn**]
Mit Balkon / Blick aufs Meer.	Avec balcon / vue sur la mer. [a**wäk** bal**kõ** / wü ßür la **mär**]
Wieviel kostet das Zimmer pro Nacht?	Quel est le prix de la chambre par nuit? [käll‿ä lö pri dö la **schäbr** par **nüi**]
Mit Frühstück?	Avec petit déjeuner? [a**wäk** pöti de**sehöne**]
Kann ich das Zimmer sehen?	Est-ce que je peux voir la chambre? [äsko sehö pöh **woar** la **schäbr**]
Haben Sie ein anderes Zimmer?	Est-ce que vous avez une autre chambre? [äsko wus‿awe ün otrə **schäbr**]
Das Zimmer gefällt mir (nicht).	La chambre (ne) me plaît (pas). [la **schäbr** (nö) mö **plä** (**pa**)]
Kann ich mit Kreditkarte bezahlen?	Est-ce que je peux payer avec une carte de crédit? [äskö sehö pöh päje a**wäk** ün kart dö kre**di**]
Wo kann ich parken?	Où est-ce que je peux laisser ma voiture? [u äskö sehö pöh **lässe** ma woa**tür**]
Können Sie das Gepäck in mein Zimmer bringen?	Pourriez-vous apporter mes bagages dans la chambre? [purje wu apor**te** me ba**gaseh** dã la **schäbr**]
Haben Sie einen Platz für ...?	Vous avez de la place pour ...? [wus‿awe dö la plass pur ...]
ein Zelt	une tente [ün **tät**]
ein Wohn-wagen	une roulotte / une mai-son mobil [ün ru**lott** / ün mäsõ mo**bil**]
ein Wohnmobil	une motorisée [ün motori**se**]
Wir brauchen Strom / Wasser.	On a besoin de courant / d'eau. [õn‿a bösoẽ dö ku**rã** / **do**]